Au fil de mes pensées…

Catalogage avant publication de Bibliothèque et Archives nationales du Québec et Bibliothèque et Archives Canada

Shriver, Maria

[I've been thinking... Français]

Au fil de mes pensées... : réflexions, prières et méditations pour une vie remplie de sens : best-seller du New York Times / Maria Shriver ; version française, Jocelyne Roy.

Traduction de : I've been thinking...
Comprend des références bibliographiques.

ISBN 978-2-89225-984-1

1. Vie spirituelle – Miscellanées. 2. Vie - Miscellanées. I. Titre. II. Titre : I've been thinking... Français.

BL624.S3714 2018 204'.4 C2018-941910-5

Adresse municipale :
Les éditions Un monde différent
3905, rue Isabelle, bureau 101
Brossard (Québec) Canada
J4Y 2R2
Tél. : 450 656-2660 ou 800 443-2582
Téléc. : 450 659-9328
Site Internet : www.umd.ca
www.facebook.com/EditionsUnMondeDifferent
Courriel : info@umd.ca

Adresse postale :
Les éditions Un monde différent
C.P. 51546
Greenfield Park (Québec)
J4V 3N8

Cet ouvrage a été publié en anglais sous le titre original :
I'VE BEEN THINKING… REFLECTIONS, PRAYERS, AND MEDITATIONS FOR A MEANINGFUL LIFE

Publié par A Pamela Dorman Book/Viking, société d'édition appartenant à Penguin Random House LLC
penguin.com

Dépôts légaux : 4e trimestre 2018
Bibliothèque et Archives nationales du Québec
Bibliothèque et Archives Canada
Bibliothèque nationale de France

Conception graphique originale de la couverture :
NAYON CHO (avec l'autorisation de Viking/Penguin)

Photo de l'auteure :
PATRICK SCHWARZENEGGER

Reproduction graphique en français de la couverture :
OLIVIER LASSER

Version française :
JOCELYNE ROY

Photocomposition et mise en pages :
ANDRÉA JOSEPH [PAGEXPRESS]

Typographie : Garamond 12,6 sur 15,7 pts
ISBN 978-2-89225-984-1
(Édition originale : ISBN 9780525522607 (hardcover). New York)

Financé par le gouvernement du Canada | Canada

Gouvernement du Québec – Programme de crédit d'impôt pour l'édition de livres et l'aide à l'édition – Gestion SODEC.

IMPRIMÉ AU CANADA

RECYCLÉ
Papier fait à partir de matériaux recyclés
FSC® C103567
FSC www.fsc.org

MARIA SHRIVER

Au fil de mes pensées…

Réflexions, prières et méditations pour une vie remplie de sens

UN MONDE DIFFÉRENT

Pour Katherine, Christina,
Patrick et Christopher
Je vous aime plus que tout.

Table des matières

Introduction

Je me suis penchée sur la façon de mener une existence significative pendant la majeure partie de ma vie.

J'ai grandi dans une famille où les gens accomplissaient de grandes choses. Ils ont brigué la présidence du pays. Ils ont créé des programmes qui ont changé la vie de la population. Ils ont prononcé des discours qui ont ému le monde entier. Et ils n'ont jamais cessé de tenter de faire de notre planète un lieu meilleur où vivre.

Avec un tel héritage, j'ai beaucoup réfléchi à la façon dont je pourrais créer mon propre espace, tracer ma propre voie, proposer mes propres idées et croyances, trouver ma raison d'être et ma mission.

Bien entendu, cette quête d'une vie qui a du sens ne m'appartient pas en propre. De fait, je crois que chacun d'entre nous est sur cette terre pour une raison bien précise. Je crois que c'est l'œuvre de toute une vie que de déterminer qui nous sommes, ce que nous pensons, quels sont nos talents et comment nous pouvons faire une différence dans ce monde.

Trouver ces réponses exige temps et réflexion. Une vie qui a du sens n'est pas nécessairement une vie parfaite. Elle n'est pas exempte d'erreurs. Elle est faite de courage et de ténacité. Elle demande force, foi, espoir et amour.

Je n'ai pas toujours trouvé facile de cerner ce que moi, Maria, je crois. Réfléchir et écrire m'a aidée à y parvenir.

Ce livre est le prolongement d'une rubrique hebdomadaire qui paraît dans mon bulletin d'information numérique, *The Sunday Paper*. Cette rubrique s'intitule *I've Been Thinking* – elle propose des réflexions qui, je l'espère, peuvent nous aider à faire fi du tourbillon de la vie quotidienne en nous indiquant une voie inspirante à suivre.

J'ai ajouté à ces réflexions personnelles des citations célèbres et des prières qui m'ont particulièrement touchée à différentes époques de ma vie.

J'espère que ces mots vous aideront à trouver votre voie vers une vie significative. Je souhaite aussi que les pensées que j'exprime ici vous donneront matière à réflexion – qu'elles vous inspireront à penser, à écrire et à réfléchir à ce qui donne un sens à votre vie.

Regardons les choses en face : la vie est un sacré tour de montagnes russes. À certains moments, nous avons le sentiment de tout contrôler et nous apprécions le voyage. À d'autres, nous sommes complètement dépassés et nous voulons descendre du train. Tout au long de notre vie, nous sommes tour à tour forts et faibles. Nous avons la quasi-certitude que nous savons ce que nous faisons, et puis nous nous sentons totalement perdus. Nous sommes transportés de joie, et puis nous sommes déprimés. Nous agissons avec efficacité et détermination, et puis nous avons le sentiment d'être des victimes. Nous sommes remplis de courage, et puis nous tremblons de peur. Nous croyons faire partie d'une collectivité, et puis nous nous sentons terriblement seuls. Nous tirons de la fierté de nos réalisations, et puis nous nous sentons écrasés par la honte en pensant à nos erreurs.

Je suis passée par tous ces états d'âme. Et c'est grâce à ma foi, ma famille, mes amis et mon écriture que je m'en suis sortie.

Mon écriture trouve sa source tout au fond de mon cœur et de mon esprit. Mes amis et les membres de ma famille disent souvent à la blague que je pense trop et que je devrais me détendre. Mais pour moi, penser à ma vie et ensuite écrire à propos d'elle et du monde qui m'entoure m'aide à y voir clair et à trouver la paix.

Ce livre a pour but de vous inciter à la réflexion et de vous aider à atteindre votre propre bien-être. Mes pensées peuvent différer des vôtres, mais elles sauront peut-être vous guider. Certaines prières qui apaisent mon esprit pourraient ne pas avoir le même effet sur vous, mais d'autres sauront peut-être vous rejoindre. Même si j'utilise le mot « Dieu » pour décrire une force plus grande que moi, je sais que ce n'est pas le cas pour tout le monde. Je ne fais que partager avec vous ce qui m'a aidée à me frayer un chemin dans la vie. Comme on dit : « Prenez ce qui vous plaît et laissez le reste. »

Cet ouvrage ne comporte qu'un objectif: vous amener à réfléchir à ce qu'est pour vous une vie significative. Pour vous uniquement. Parce qu'il n'y a qu'un seul vous, et que vous n'avez qu'une seule vie. Il vous appartient de la rendre merveilleuse et pleine de sens.

Avec tout mon amour,

Maria

Chaque matin, je commence ma journée en récitant cette version de la prière de sainte Thérèse :

Puisses-tu avoir la paix intérieure aujourd'hui.

Puisses-tu avoir la certitude que Dieu t'a placé exactement où tu devais être.

Puisses-tu ne pas oublier les possibilités infinies qui émanent de la foi.

Puisses-tu utiliser ces cadeaux que tu as reçus et transmettre l'amour qui t'a été donné.

Puisses-tu être heureux de savoir que tu es un enfant de Dieu.

Laisse cette présence pénétrer jusqu'au tréfonds de toi, permets à ton âme de chanter, de danser, de glorifier, d'aimer.

C'est là pour chacun de nous.

— *Sainte Thérèse d'Avila*

Je suis ce que j'ai décidé d'être

«Je ne suis pas ce qui m'est arrivé. Je suis ce que j'ai décidé d'être.»

— *Carl Jung*

Il y a dans cet énoncé un mouvement de l'âme vers un idéal et un immense pouvoir. C'est vous qui choisissez la personne que vous deviendrez – il n'en tient qu'à votre imagination, votre volonté, votre détermination, vos décisions.

Petite fille, j'étais déjà fascinée par la voie qu'empruntent les gens dans la vie. J'ai dévoré des centaines de biographies et d'autobiographies, j'ai interviewé d'innombrables individus provenant de tous les milieux – toujours intriguée par la façon dont les gens gèrent les hauts et les bas, la croisée des chemins, les obstacles qu'ils rencontrent. Autrement dit, les choix qu'ils font.

Et voici ce que j'ai appris : personne ne suit une voie linéaire. Personne ne connaît une vie exempte d'erreurs, de douleurs et de regrets.

Je sais également que personne n'a une vie parfaite. Que l'on soit né dans une famille célèbre ou non n'y change rien. Personne n'est immunisé contre les difficultés, qu'elles soient d'ordre mental, émotionnel, physique, financier ou professionnel. Tout le monde doit régler des problèmes. Et la plupart du temps, ces batailles sont difficiles, effrayantes et solitaires. Heureusement, chaque jour nous donne l'occasion de choisir de repartir à neuf.

Donc aujourd'hui, commencez là où vous êtes – non pas là où vous souhaiteriez vous trouver –, mais bien là où vous êtes actuellement.

Je suis heureuse d'avoir compris cela, car j'avais l'habitude de passer beaucoup de temps à me reprocher des choix que je croyais permanents – et à regretter des occasions que, par crainte, je n'avais pas osé saisir et qui, croyais-je, ne se représenteraient jamais. Ou bien je me berçais d'illusions en ne vivant que pour un avenir imaginaire, fantasmant sur une époque où tout serait conforme à mes rêves, comme par magie.

Mais j'ai appris que vivre dans le passé ou dans l'avenir me confinait dans un vase clos, loin de la réalité, me dérobant mon présent.

Donc, aujourd'hui, je choisis de vivre dans le présent. Mon intention est d'être moi-même, authentique, maintenant. J'essaie de ne jamais me juger, ni de juger les autres. Et j'ai découvert que tout ce temps que je consacrais à vivre dans le passé et l'avenir, je peux maintenant l'investir dans ma famille, mes amis, mon but et ma mission – en d'autres termes, dans la vraie vie.

L'une des citations que je préfère est souvent attribuée à Ralph Waldo Emerson : « Ce qui se trouve derrière nous et ce qui se trouve devant nous importe peu en comparaison de ce qui se trouve à l'intérieur de nous. »

Donc, aujourd'hui, commencez là où vous êtes. Le passé est révolu. L'avenir n'existe pas encore. Cette journée offre à chacun de nous une occasion d'être la personne que nous voulons être. Non pas la personne que nous aimerions avoir été hier ou que nous voulons être demain, mais celle que nous sommes déjà.

Mon doux Seigneur, je sais que tu viendras à ma rencontre. Aide-moi à faire de bons choix, pour ceux que j'aime et pour moi. Aide-moi à devenir la personne que je suis destinée à devenir. Aide-moi à dire et à croire que, aujourd'hui, je suis bonne et honorable. Aide-moi à comprendre que chaque jour est un don, et que je peux repartir à neuf. Amen.

Voir le bijou à l'intérieur

« L'agression la plus fondamentale envers nous-même, le mal le plus fondamental que nous pouvons nous faire, est de demeurer ignorant en n'ayant ni le courage ni le respect de nous regarder avec honnêteté et douceur. »

— *Pema Chödrön*

Regardez-vous l'emballage-cadeau ou bien le bijou à l'intérieur de la boîte ?

Qui que nous soyons, quel que soit notre âge, le défi reste le même : comment faire pour détourner notre attention de cet emballage scintillant que nous associons à notre petite personne et nous préoccuper plutôt du bijou qui se trouve à l'intérieur, le bijou que *nous* sommes en réalité ?

C'est difficile. Je pense au marathon qu'est la vie et à l'endurance qu'il nécessite. Je pense à quel point il est difficile de s'adapter au changement – de vieillir, de voir notre famille, nos amis et nos propres attentes changer. À cause de tout cela, percevoir la beauté à l'intérieur relève parfois du défi.

Nous voulons tous que quelqu'un voie le bijou qui se trouve en nous. Nous rêvons tous de voir notre valeur reconnue, peu importe notre âge. Et nous faisons beaucoup d'efforts pour que les autres nous apprécient, leur cédant souvent le pouvoir de décider si nous sommes vraiment des joyaux qu'il faut chérir.

Mais en fait, ce pouvoir nous appartient. Il vous appartient. Ne le cédez à personne. J'en sais quelque chose parce que c'est ce que j'ai fait, et il est ardu de se le réapproprier.

Parfois, je me regarde dans le miroir et je me demande qui me retourne mon regard. Et puis, je me rappelle que j'ai vu mes parents vieillir et que cela n'a rien changé à l'amour que je leur portais.

Donc, sachez ceci : vous êtes un bijou. Ne vous découragez pas lorsque le papier d'emballage se froisse ou perd son éclat. Il y a quelque chose de précieux à l'intérieur.

J'ai donc pris la décision de faire dorénavant ce que j'ai fait pour mes parents : continuer de m'aimer en vieillissant. Me regarder sans me juger ni me critiquer, nourrir d'aimables pensées pour moi-même, des pensées empreintes d'amour, et puis prendre ces pensées et les projeter sur les autres. Je me verrai – je verrai mon esprit, mon âme, mon cœur – dans le *moment présent*.

Ouvrez les yeux. Regardez-vous. Voyez la beauté que vous êtes.

Mon doux Seigneur, je te suis profondément reconnaissante de m'aimer et d'apprécier ma valeur malgré mes défauts, car à tes yeux, je ne suis ni meilleure ni pire que tout autre être humain. Enseigne-moi à estimer, à aimer et à servir les autres autant que tu m'as aimée. Amen.

Savoir faire preuve de force intérieure

> « L'échec n'est pas fatal, mais refuser de changer peut l'être. »
>
> — *John Wooden*

J'ai beaucoup réfléchi à l'expression « avoir quelque chose dans le ventre ». Qu'est-ce que cela signifie au juste ? Comment trouver cette force intérieure ? Comment la cultiver, la faire grandir et la conserver ?

Je sais que la foi est à la base du courage. Une foi forte et inébranlable se développe à la suite de petits actes accomplis le long du chemin de la vie. La foi découle directement de vos croyances personnelles : lorsque vous savez qui vous êtes et qu'il existe une force plus grande que vous qui gouverne votre vie – que vous appeliez cette puissance Dieu, Jésus, Bouddha, Allah, Adonaï, Marie, l'Esprit de la bonté, l'Esprit universel, l'Univers, etc. Cette foi et cette connaissance vous aident à revenir à vous-même, à vos racines, chaque fois que la vie vous ébranle jusqu'à l'âme. C'est ça, avoir du cœur au ventre!

Les gens qui font preuve d'un tel courage restent calmes au milieu de la tempête. Ils dégagent une énergie constante, forte et stable – le genre d'énergie que l'on souhaite avoir autour de nous, suivre et cultiver en nous. Une force intérieure à laquelle se greffe l'endurance. Une force qui nous pousse en avant, quoi qu'il arrive.

Les gens qui font preuve d'un tel courage traversent la vie avec une intégrité inébranlable. Ils ne s'emportent pas, ils n'insultent pas, n'intimident pas et ne rabaissent pas les autres. Ils cheminent dans la vie avec une détermination qui est plus qu'admirable. De fait, leur courage semble parfois surnaturel.

Dernièrement, je me suis dit que nous avons actuellement tous besoin d'une bonne dose de ce genre de courage – je ne sais pas ce que vous en pensez, mais j'ai pour ma part l'impression que le monde est plutôt instable ces temps-ci.

Je vois des gens s'invectiver au petit écran – et pas seulement pendant des émissions de téléréalité – et je pense «Mais enfin, c'est quoi ce b—?!» Des conflits opposent tant de gens. «Mais enfin, c'est quoi ce b—?!» Un individu qui brigue la plus haute fonction du pays traite une journaliste de «ravissante idiote» et tout le monde rit. «Mais enfin, c'est quoi ce b—?!» Les gros mots sont applaudis au lieu d'être désapprouvés. «Mais enfin, c'est quoi ce b—?!» J'ai vu un jeune reporter et un caméraman qui avaient toute la vie devant eux se faire descendre en direct à la télé, et puis leur assaillant s'en est vanté triomphalement dans les médias sociaux. Et vous savez quoi ? À une certaine époque, j'aurais pu être ce jeune journaliste ! « Mais enfin, c'est quoi ce b— ? ! » Qu'est-il en train d'arriver à notre culture, nos idées, notre politique, notre nation ?

Et puis, je m'arrête. Assez de ces : « Mais enfin, c'est quoi ce b— ? ! » Je prends une décision. Je tourne le dos à tout ça et je m'applique plutôt à renforcer mon propre courage en renouvelant ma foi – de manière à rester forte, centrée, bien consciente des bienfaits qu'apporte la vie au lieu de me laisser piéger par cette négativité hystérique qui réclame notre attention.

Si je cultive ma force intérieure, alors lorsque quelqu'un me traitera ou traitera une personne que j'aime de « ravissante idiote » – ou la prochaine fois que j'entendrai quelqu'un proférer des propos racistes, dégradants ou haineux –, je serai prête à réagir. Et je ne réagirai pas avec colère ou à partir d'une position de faiblesse, mais avec mon nouveau courage. C'est là que se trouve la force, là où se trouve la foi, là où se trouve l'amour, là où se trouve le véritable pouvoir. C'est en moi – et c'est également en vous : la force d'aller de l'avant, quoi qu'il arrive.

> *Mon doux Seigneur,* aide-moi à parler avec calme et une force chaleureuse. Aide-moi à parler avec une intention positive, sans jamais vouloir humilier ou rabaisser autrui. Aide-moi

à trouver les mots justes, les bonnes pensées, le ton approprié. Aide-moi à parler sans peur. Aide-moi à dire la vérité avec grâce et bonté. Amen.

Il faut savoir créer sa vie… et la recréer

« C'est votre route, et seulement la vôtre. D'autres peuvent marcher avec vous, mais personne ne peut marcher pour vous. »

— *Rumi*

Lorsque nous sommes jeunes, nous passons beaucoup de temps à planifier notre vie. Nous cherchons quelqu'un avec qui l'orchestrer, nous voulons des enfants pour la mettre en valeur, une carrière pour l'enrichir. Nous travaillons d'arrache-pied pour y arriver. Mais la vie a le don de bouleverser les plans que nous avons soigneusement dressés, et tout à coup, nous nous retrouvons dans l'obligation de tout redessiner.

Il y a des exemples de ceci partout autour de vous. J'ai des amis dont l'univers a été pratiquement détruit par la toxicomanie, mais qui ont ensuite abandonné la drogue et appris pour la première fois à vivre sans se détruire ou détruire les autres. Peu importe l'âge auquel ils ont pris cette décision, ils ont apprivoisé les outils qui leur ont permis de transformer leur existence. J'ai également vu des femmes quitter un mari violent et apprendre que l'amour ne va pas de pair avec la violence. J'ai vu des enfants se sortir de la pauvreté et devenir les premiers de leur famille à fréquenter l'université. J'ai vu des gens qui avaient tout perdu se ressaisir et repartir de zéro. J'ai vu des gens faire d'énormes erreurs, mais les reconnaître ensuite, en assumer la responsabilité, s'amender auprès de ceux qu'ils avaient blessés, et aller de l'avant, plus forts et meilleurs.

Dans chacun de ces cas, pour renverser la situation, ces gens ont dû avoir le courage d'affronter la peur de l'inconnu. Il faut en effet du courage pour aller à l'encontre de ce qui est ou de ce qui a été. Il faut du courage pour réagir et faire preuve de créativité avec le don qu'est la vie. Mais c'est exactement ce qu'exige la création d'une vie qui vous appartient : vous devez penser différemment, être inventif, faire preuve de souplesse, faire face à la peur de l'inconnu, vous y engager et être prêt à tout recommencer.

Il y a plusieurs années, j'ai dû recréer ma propre vie. J'ai dû plonger dans l'inconnu et y rester. C'était terrifiant. Je ne peux affirmer que j'ai apprécié l'aventure, mais je peux dire que j'ai appris que j'étais capable de réimaginer ma vie, de la reconstruire et de la restructurer. Et je continue à le faire chaque jour.

Comme l'a fait remarquer Steve Jobs, la vie peut être limitée et enfermée dans un cocon sécuritaire, ou elle peut être vaste, créative et parfois effrayante.

Il vous appartient de créer votre vie, et puis de la recréer. Comme l'a dit M. Jobs : « Tout ce qui est autour de vous, tout ce que vous appelez la vie a été fait par des gens qui ne sont pas plus intelligents que vous et vous pouvez changer ça, vous pouvez l'influencer. »

Et une fois que vous comprendrez cela, a-t-il ajouté : « vous ne serez plus jamais le même. »

Mon doux Seigneur, tu es le Dieu de la Transformation. Aide-moi à être brave. Aide-moi à te faire confiance et à croire que je suis ici pour écrire l'histoire de ma vie d'une manière qui t'apporte la gloire et qui me donne de la joie et qui en donne aux autres. Amen.

Ce qu'une communauté de religieuses m'a appris au sujet du pouvoir

> « Lorsqu'une femme se trouve, lorsqu'elle comprend qu'elle est devenue une personne d'influence, l'artisane de sa vie, la créatrice de son univers, une personne ayant des droits et des responsabilités, qui est respectée et reconnue, la résurrection du monde commence. »
>
> — *Sœur Joan Chittister*

Je me suis rendue à Erie, en Pennsylvanie, afin d'avoir une conversation avec Joan Chittister, mon amie religieuse, à propos de la justice, de la paix, de la spiritualité et des femmes.

Sœur Joan est bénédictine depuis plus de 60 ans et, pendant ce temps, elle a écrit plus de 50 livres. Elle prononce souvent des discours au sujet des femmes – elle parle des femmes qui vivent dans la pauvreté, du rôle des femmes dans l'Église, des femmes qui font face à l'injustice.

Mes visites dans sa communauté d'Erie sont toujours une expérience émouvante pour moi. Ce lieu est paisible, spirituel, et ce nouveau séjour n'a pas fait exception. J'ai été envahie par le même sentiment de paix que lors de ma première visite.

Je suis arrivée en fin de soirée. Un comité d'accueil m'attendait à l'aéroport – des femmes qui m'ont reçue avec le sourire et des accolades. Une religieuse a retiré son manteau et me l'a tendu afin que je n'attrape pas froid.

Partout où je vais à Erie, les gens sont chaleureux et gentils. En fait, cela me déconcerte un peu. Pourquoi est-ce ainsi ? Qu'ont de particulier ces religieuses et cette communauté qui font de ce lieu un tel havre de bonté ?

Lors de l'événement au cours duquel on m'avait invitée à prononcer un discours, il y avait environ 70 religieuses parmi un auditoire de 800 personnes. Elles étaient souriantes, aimables, joyeuses, extrêmement intelligentes et intellectuellement curieuses et vives. Ces femmes travaillent dans nos villes, enseignent, aident et servent. Elles ne touchent aucun salaire, passent très souvent inaperçues et font rarement l'objet d'une mention dans les journaux, les magazines ou les sites Web. Mais, et c'est extraordinaire, elles semblent vraiment heureuses et comblées – comblées par leur vocation, comblées par la vie en communauté, comblées par leur rôle, comblées par la simplicité de leur vie.

Mais je ne suis pas naïve au point de penser qu'elles n'ont pas de problèmes. J'ai lu le journal de Mère Teresa dans lequel elle révèle ses luttes personnelles à propos de Dieu, de sa vocation et de son travail.

Je parie que si l'un ou l'une d'entre vous allait passer quelque temps dans cette communauté (et je me dois de dire que les visiteurs sont les bienvenus!), dans le but d'écrire, de guérir, de prier ou de tout simplement être, vous vous sentiriez comme moi : calme, centrée, reconnaissante, chez vous avec ces servantes de la paix, chez vous en vous.

Lorsqu'on parle de femmes influentes, on se tourne toujours vers celles qui évoluent dans l'arène politique, les PDG dont la photo orne la couverture des magazines, celles qui tiennent la vedette dans des films ou à la télé. Mais je veux attirer l'attention sur ces femmes dont le pouvoir vient de l'intérieur – un pouvoir qui n'a rien à voir avec leurs vêtements ou leur voiture, avec leur travail ou leur conjoint. Elles n'ont aucun de ces signes extérieurs que nous associons généralement au pouvoir.

Sœur Joan et ses compagnes m'ont aidée à changer la façon dont je voyais le pouvoir. Le pouvoir vient des valeurs, des croyances, d'une raison d'être, de l'intérieur. Les femmes avec qui j'ai passé du temps cette semaine ne briguent pas la présidence des États-Unis, mais elles travaillent pour les autres chaque jour. Chaque jour, elles se font les artisanes de l'œuvre de Dieu. Elles parlent au nom de ceux qui éprouvent des difficultés. Ces femmes tentent de rendre la vie meilleure pour tous.

J'aime côtoyer des gens qui sont intellectuellement curieux, qui grandissent, qui évoluent et qui s'intéressent aux jalons de leur cheminement et de celui des autres. Je souris lorsque je pense à quel point j'admire ces religieuses, les respecte et cherche à les imiter. C'est avec le cœur que je suis liée à leur communauté.

Mon doux Seigneur, merci de m'avoir fait grâce d'un cercle d'amis qui m'aiment et qui ont largement partagé leur vie avec moi. Aide-moi à ne jamais les tenir pour acquis, mais à les chérir chaque jour. Bénis nos relations et aide-moi à les intégrer au cercle de mes nouveaux amis qui pourraient ainsi en être bénis et enrichis. Amen.

Le pouvoir de la paix prend naissance à l'intérieur

> « *S'il y a de la lumière dans votre âme, il y aura de la beauté en vous. S'il y a de la beauté en vous, il y aura de l'harmonie dans votre demeure. S'il y a de l'harmonie dans votre demeure, il y aura de l'ordre dans votre pays. S'il y a de l'ordre dans votre pays, il y aura de la paix dans le monde.* »
>
> — *Proverbe chinois*

J'aime ce vieux proverbe chinois parce qu'il établit un lien direct entre ce qui se passe dans notre cœur et ce qui se passe dans notre demeure, notre pays et le monde. Ce qu'il y a à l'intérieur de nous est ce que nous apportons à nos relations, à notre milieu de travail, à notre communauté, à notre culture. S'il y a de la rage en nous, notre famille en sera affectée. S'il y a de la violence dans notre cœur et dans notre esprit, les autres en seront affectés. Ainsi va la vie.

Agissons dès aujourd'hui, et cela signifie agir à l'intérieur de nous. Songez à l'importance d'avoir de la lumière à l'intérieur de votre âme, comme le dit le proverbe. Ce que vous pensez, ce que vous dites, la façon dont vous élevez vos enfants, dont vous vous comportez au travail – tout est lié.

L'une de mes amies a suggéré que le pasteur de son église vienne bénir ma demeure. Le prêtre, qui était originaire de l'Inde et qui s'était établi à Los Angeles après un séjour aux Philippines, est donc venu chez moi. Il a prié avec nous. Il nous a parlé de la paix – de la paix du cœur qui nous aide à créer une demeure paisible. Il nous a dit que tout est lié et que nous sommes tous connectés les uns aux autres.

« Créez une demeure paisible, une demeure bénie » a-t-il dit. « Faites-en une priorité. La taille de votre maison n'a pas d'importance. Votre demeure doit être un lieu où règne la paix, pour vous et pour votre famille. Ainsi, lorsque vous en sortez, vous quittez un lieu de paix pour vous avancer dans le monde. »

C'est tellement vrai. Nous vivons à une époque troublée où tout change rapidement. Nous sommes bombardés d'histoires de violence. Trop d'Américains vivent dans la peur, leurs demeures étant des lieux dangereux dans des villes dangereuses. En tant que nation, nous pouvons faire mieux. Toutefois, trop souvent, nous n'agissons pas.

Que pouvons-nous faire maintenant, chacun de nous, qui pourrait contribuer à créer un environnement plus paisible? Nous pouvons faire ce que nous conseille ce proverbe. Nous pouvons bénir notre demeure. La demeure qui est en nous, la demeure dans laquelle nous vivons, et la demeure qui est notre collectivité.

La paix dans le monde viendra lorsque les leaders s'uniront, mais la paix peut s'installer dans notre cœur dès maintenant, aujourd'hui. Cela semble peu de chose, mais les conséquences sont énormes. Bénissons notre cœur et notre demeure. Remettons en question ce qui est et imaginons ce qui pourrait être: une planète plus paisible pour nous tous. Aujourd'hui, c'est là-dessus que je méditerai.

Mon doux Seigneur, je suis ébahie devant la grandeur et la majesté que tu as créées. Merci de faire en sorte que la nature me parle de ton immense pouvoir et de ta création. Merci pour la beauté des fleurs et des couchers de soleil et des océans et des montagnes. Merci pour la paix qui règne dans ma demeure. Amen.

Le pouvoir de la gratitude

« La gratitude est la fleur d'une âme noble. »

— *Le pape François*

Je crois fermement au pouvoir de la gratitude. Et la recherche scientifique vient étayer ma croyance. Elle démontre que l'individu qui fait consciemment l'effort d'éprouver de la gratitude chaque jour est plus heureux, plus optimiste.

Il y a des gens qui ont la chance d'éprouver tout naturellement de la gratitude. On dirait qu'ils sont nés heureux, optimistes et reconnaissants. Mais la majorité d'entre nous doit faire des efforts pour entretenir un état d'esprit positif. J'ai découvert que la meilleure façon d'y arriver est de pratiquer la gratitude sur une base quotidienne.

Donc, chaque matin lorsque j'ouvre les yeux, et avant que mes pieds ne touchent le sol, je remercie Dieu pour le don qu'est ma vie. Je le remercie pour ma santé, ma famille, mes amis, et pour le pays dans lequel j'ai la chance de vivre. J'ai découvert que cette pratique rend ma journée meilleure et, par conséquent, ma vie meilleure.

Je cherche autour de moi des gens qui pratiquent la gratitude. J'adore discuter avec eux et apprendre auprès d'eux. Ils considèrent le monde avec lucidité. Ils sont plus joyeux. Ils se relèvent rapidement en cas d'adversité. Ils savent et sentent qu'ils ont misé sur une recette gagnante. Et c'est bien le cas.

En fait, on ne peut jamais éprouver trop de gratitude. Il est donc utile de chercher à fréquenter des gens qui ont cette disposition naturelle et de leur demander en quoi consiste leur secret : leurs pratiques, leurs principes et la façon dont ils les mettent en application.

Le pouvoir de la gratitude peut transformer une mauvaise journée en une bonne journée. Il réinitialise votre esprit. Il vous fait voir votre vie sous un autre angle. Éprouver de la gratitude peut faire toute la différence dans votre journée.

Adoptez donc votre propre routine quotidienne en matière de gratitude. Mettez par écrit ce pour quoi vous êtes reconnaissant, réfléchissez à ce que vous avez écrit, et transposez cette gratitude dans votre journée. Cela fera toute la différence du monde.

Mon doux Seigneur, merci pour toutes les fois où j'ai le bonheur de bénéficier de la bonté des autres. Tu m'as entourée de gens qui m'aiment et qui me gratifient chaque jour de mots et de gestes gentils. Aide-moi à faire preuve de la même bonté avec eux. Aide-moi à réaliser à quel point je les apprécie vraiment et les chéris comme un présent que tu m'aurais offert. Amen.

Le pouvoir de la pensée positive

« Si vous n'aimez pas une chose, changez-la. Si vous ne pouvez pas la changer, changez votre attitude. »

— *Maya Angelou*

Je passe beaucoup de temps à réfléchir. Je réfléchis à tout : à ce que je lis, à ce que j'entends, à ce que je vois se produire autour de moi. Je pense à ce que mes parents m'ont appris, à ce que disent et ne disent pas mes enfants. Je pense à tous les sujets imaginables. Eh oui, parfois je pense trop.

Dernièrement, j'ai essayé quelque chose de nouveau. Lorsqu'une pensée négative surgit dans mon esprit, au lieu de me contenter d'y penser – ou plus vraisemblablement de la ressasser ou la ruminer, même jusqu'à l'obsession –, je réfléchis à la manière de transformer cette pensée négative en une pensée positive. Ou comme le dit Maya Angelou, je cherche à changer d'attitude.

Il faut pour cela que je sois consciente du moment où je me laisse aller à examiner, ressasser, ruminer, céder à l'obsession, et puis que je m'en détourne délibérément. Cela signifie que lorsque je remarque qu'une pensée a un écho négatif dans ma tête, je la fais taire sur-le-champ et je la convertis en énoncé positif, un énoncé positif empreint de certitude et de clarté.

Essayez vous-même. Par exemple, si vous vous apprêtez à prendre une décision, il se peut que vous pensiez : *Je ne sais pas quoi faire ! Je suis indécis !* et que vous en restiez là, paralysé. Mais lorsque vous prenez conscience de ce que vous vous faites à vous-même, dites-vous plutôt : *Ce n'est pas vrai. Je suis intelligent. Je sais ce que je fais. Oui, j'ai une décision à prendre, mais j'ai pris de nombreuses bonnes décisions au cours de ma vie, et je vais maintenant en prendre une autre.*

Ou si vous pensez quelque chose comme : *Je vais m'effondrer lorsque mon benjamin obtiendra son diplôme* (mon Dieu !), dites-vous plutôt : *Tout ira parfaitement bien lorsque mon fils obtiendra son diplôme. Je l'ai bien préparé. Il est très excité à l'idée de franchir cette étape et je le suis aussi parce que cela marque un tournant dans ma vie.* (Cela a bien fonctionné pour moi.)

La première pensée vous plonge dans le doute, la deuxième vous donne du pouvoir.

Un esprit prisonnier de la négativité vous garde éloigné de la réalité et vous prive de votre intuition. La pensée négative engendre une attitude négative et une perception négative de la vie. Elle fait également en sorte que la peur et l'anxiété vous paralysent. C'est ce que vous vous infligez en adoptant une telle attitude.

L'esprit peut être un puissant allié ou un formidable adversaire. Les athlètes connaissent fort bien cette vérité et on leur enseigne des exercices visant à développer leur force mentale. Les entraîneurs savent que la force mentale est aussi importante – et parfois plus importante – que la force physique. Tout comme vous entraînez votre corps, vous devez également entraîner votre esprit à travailler pour vous et non contre vous. Vous devez vous entraîner pour ces moments où vous essuierez un échec ou connaîtrez une déception. Vous devez vous exercer, encore et encore, et encore.

Donc, faites ce que font les athlètes après un revers : ils se ressaisissent, ils retrouvent leur concentration, ils reformulent leur intention et, oui, ils réimaginent leur victoire et reprennent l'entraînement. Vous devez consacrer davantage d'efforts lors de l'entraînement lorsque la vie vous fait trébucher.

Nous devons tous apprendre à faire preuve de force mentale. J'aime la comparer au pouvoir de s'élever dans sa propre vie. Pour la majorité d'entre nous, s'élever exige un effort mental. Nous devons nous visualiser en train de nous élever – nous élever au-dessus de la déception, de l'échec, d'une attitude négative.

Quel que soit votre âge, quel que soit votre revenu, peu importe ce que la vie a mis sur votre route, votre esprit sera votre meilleur allié dans votre cheminement. Et il n'est certainement pas égoïste de passer du temps à apprendre à rediriger vos pensées. C'est crucial si vous voulez vivre au sein de votre pouvoir, de votre centre, de votre certitude.

Donc, aujourd'hui, cette semaine, cette année, rappelez-vous ceci. Songez à ce qui serait nécessaire pour que vous vous sentiez invincible. Rappelez-vous la citation de Maya Angelou lorsque vous lisez une publicité qui vous enjoint à vous mettre en forme pour le printemps et l'été qui approchent. Rappelez-vous que même s'il est formidable d'être en forme physiquement, il est tout aussi important de l'être mentalement en s'exerçant à changer la façon dont on voit les choses.

Apprenez à apaiser votre esprit grâce à la méditation – apprenez à le stimuler grâce à l'écriture, la lecture, l'inspiration qu'apporte l'histoire d'une autre personne – apprenez à le développer grâce à des exercices intellectuels et à l'acquisition de nouvelles connaissances – apprenez à changer de perspective de manière à faire travailler votre esprit pour vous. Enseignez-lui à vous dire des mots positifs au sujet du monde et de vous – à propos de la raison pour laquelle vous êtes ici et à quel point vous êtes extraordinaire. Cela peut sembler ridicule – et c'est l'impression que j'ai eue! –, mais j'ai découvert que cela fonctionne.

Votre esprit est un atout. Il vous tiendra compagnie pendant toute votre vie, et c'est le meilleur partenaire que vous puissiez avoir. Donc, il n'y a pas meilleur moment que maintenant pour commencer à le faire travailler pour vous.

> *Mon doux Seigneur,* tant de pensées négatives, de réflexions critiques et de mensonges à mon sujet se sont infiltrés dans mon esprit. Aide-moi à faire taire ces voix. Aide-moi à le débarrasser de ces mensonges et de la négativité de manière à le remplir de ce qui est bon et beau à propos de moi et de ce qui m'entoure. Amen.

Le pouvoir de l'esprit

« L'esprit est tout. On devient ce que l'on pense. »

— *Bouddha*

Pendant mon enfance, ma mère me rappelait constamment de ne pas me préoccuper de mon apparence, mais de mon esprit. Elle me disait : « Ta beauté se fanera, mais ton esprit ? C'est lui qui te permettra de surmonter cette épreuve. »

Malheureusement, ce n'est pas vrai pour tout le monde.

Donc, actuellement, mon esprit est résolument tourné vers la maladie qui vole leur esprit à des millions de gens : la maladie d'Alzheimer. Je cherche à comprendre pourquoi un nouveau cerveau développe cette maladie toutes les 60 secondes et pourquoi les deux tiers de ces cerveaux appartiennent à des femmes.

Pourquoi les femmes sont-elles beaucoup plus touchées ? Jusqu'à maintenant, personne n'a pu répondre à cette question. En fait, j'ai eu vent d'une autre statistique peu réjouissante : il faudrait 43 stades de football pour abriter toutes les femmes qui souffrent de la maladie d'Alzheimer aux États-Unis. Gravez-vous cette image dans la tête.

Mon esprit cherche donc un traitement. Mon esprit est également tourné vers un mode de vie qui, d'après les médecins, retarde l'apparition de la maladie – l'exercice, la méditation, le sommeil et une alimentation saine. J'ai quatre enfants et je veux vivre assez longtemps pour voir leurs enfants. Je veux être capable de me rappeler le nom de mes enfants et du nom de leurs enfants, car mon propre père en était incapable.

Cela dépasse l'entendement que de se retrouver devant un parent qui est atteint de la maladie d'Alzheimer et qui ne sait absolument pas qui vous êtes ou, pire encore, qui il est lui-même. Cela m'est arrivé et je ferais n'importe quoi pour épargner cette expérience à quelqu'un d'autre.

Je veux garder un esprit et un corps sains, et je ne tiens pas ma santé pour acquise – ni ma santé physique ni ma santé mentale. Et vous ne le devriez pas non plus.

> *Mon doux Seigneur,* je te remercie pour ce don qu'est mon esprit. Il est magnifique, splendide et unique. Puis-je donc être reconnaissante de ce don en l'honorant et en en prenant soin. Amen.

Le pouvoir des femmes

« Personne ne peut vous faire sentir inférieur sans votre consentement. »

— *Eleanor Roosevelt*

J'ai grandi dans une famille d'hommes, mais j'ai également été élevée par une mère formidable qui m'a appris à croire au pouvoir des femmes. Elle m'a dit que tout ce que mes frères faisaient, je pouvais et devais le faire aussi. Et j'ai suivi son conseil.

Mais j'ai peu à peu réalisé que le football de contact n'était pas ma version du plaisir, ni les longs séjours sous l'eau pendant une partie de water-polo. Et même si j'aimais accompagner mes frères à des matchs de football et de base-ball, je me suis vite rendu compte que je ne prêtais pas attention aux mêmes choses qu'eux.

Ma mère m'a toujours dit: « Nous vivons dans un monde d'hommes et tu dois être forte pour y faire ta place » mais elle insistait également sur le fait qu'être une femme était mon plus grand atout. Elle parlait souvent du pouvoir des femmes et de la maternité, et du rôle pivot qu'avait joué Marie dans l'Église catholique. Et elle citait sa propre mère comme l'ultime exemple de la femme forte.

Malgré ce discours, j'ai toujours voulu être l'un des garçons de la famille pendant mon enfance, et ce n'est qu'à l'âge adulte que j'ai réalisé que ma mère avait raison.

Lorsque j'étais première dame de la Californie, j'ai eu le privilège de rencontrer de nombreuses femmes qui, autrement, n'auraient jamais croisé ma route. J'ai été émue et inspirée par elles. J'ai créé ce qui est devenu l'un des plus grands rassemblements de femmes au pays. Chaque année, 30 000 femmes issues de toutes les couches de la société se réunissent pour apprendre, grandir, partager et devenir plus fortes. Cet événement transformateur m'a confirmé que ma mère avait raison. J'ai vu de près la force au féminin, le courage, la résilience, l'intelligence et la détermination. Ces femmes m'ont appris que les femmes – lorsqu'elles sont vues, entendues et prises au sérieux – peuvent accomplir n'importe quoi.

Aujourd'hui, j'aime être une femme. J'aime l'énergie que je peux apporter. J'aime être différente des hommes. J'aime puiser tant dans ma féminité que dans ma force.

Le pouvoir des femmes a évolué au cours de ma vie, et au cours de la vie de mes enfants, et il continuera d'évoluer.

Être une femme n'est pas un handicap. C'est un atout. C'est pourquoi nous devons investir en lui, reconnaître son unicité et le faire grandir.

Donc, contrairement à ma mère, je ne dis pas à mes filles, Katherine et Christina, que nous vivons dans un monde d'hommes. Je dis à mes enfants que ce monde dans lequel nous vivons appartient à tous. Nous apportons tous quelque chose d'unique sur la table. Et lorsque les femmes s'assoient autour de cette table, il ne fait aucun doute pour moi que le monde devient un lieu où il y a davantage de compassion, d'empathie et de collaboration.

Si vous êtes une femme, ne doutez jamais que vous avez une place autour de cette table. Sachez que vous pouvez toujours y apporter quelque chose. Et n'oubliez jamais d'y réserver une place pour quelqu'un d'autre.

Mon doux Seigneur, merci pour les bons souvenirs que je garde de ma jeunesse et merci d'avoir placé sur ma route des femmes qui m'ont aidée à façonner ma vie. Je te prie de bénir chacune d'elles et de les enrichir de la même manière qu'elles m'ont influencée. Aide-moi à vivre avec leur sagesse et leur force. Aide-moi à continuer de suivre le plan que tu as dessiné pour ma vie. Aide-moi à aller de l'avant dans l'existence que tu as prévue pour moi. Amen.

Le pouvoir de la présence

> « Ne regardons jamais en arrière avec colère ou en avant avec peur, mais autour de nous avec attention. »
>
> — *James Thurber*

Je suis consciente du fait que ma famille change. J'ai trouvé difficile de voir Christopher, mon benjamin, terminer ses études collégiales et se préparer à entrer à l'université. Oui, je suis très fière de lui et je suis heureuse qu'il soit rempli d'enthousiasme à l'idée de se lancer dans cette nouvelle grande aventure. Mais cela représente également une étape douce-amère pour moi. C'est le plus jeune de mes quatre enfants et son départ marque la fin d'une époque dans ma vie.

Pendant des années, ma vie a tourné autour de celle de mes enfants, Katherine, Christina, Patrick et Christopher. Je les conduisais à l'école le matin et j'allais les chercher en fin d'après-midi, je supervisais leurs devoirs, je préparais leurs repas et j'achetais leurs fournitures scolaires chez Staples[1]. Mon emploi du temps était bien rempli avec les matchs de football, les spectacles de danse, les rencontres parents-enseignants, les fêtes d'anniversaire, le basketball. Mes week-ends ont été joyeux, car mes enfants et leurs amis se réunissaient souvent à la maison pour faire leurs devoirs, jouer, rire et bavarder. J'ai adoré tout ça.

Alors que s'achève ce chapitre de ma vie, je veux être extrêmement présente pendant les événements qui marquent la dernière semaine d'école de mon dernier-né. La collation des grades, la fête des étudiants de dernière année, les adieux aux parents et aux enfants avec qui j'ai partagé tant de choses. Je ne veux rien manquer. Je veux en profiter pleinement. Je veux être présente, vraiment présente, tant pour mon fils que pour moi-même.

Vivre le moment présent demande de la concentration – du moins pour moi. Je me surprends si souvent à ressasser le passé ou à imaginer l'avenir que je dois faire un effort conscient pour être attentive au moment présent, pour me concentrer sur le « maintenant ».

Alors que se déroule la dernière semaine de Christopher à l'école secondaire, oui j'ai réfléchi à la manière dont sa vie s'était déroulée, mais je vous le jure, je n'ai rien raté de ce qui s'est passé cette semaine-là. En le regardant partir pour la collation des grades, j'ai pu accepter avec mes yeux et mon esprit qu'il n'était plus le

1. Au Québec, Bureau en gros. *(Note de la traductrice)*

bébé que j'avais tenu dans mes bras. Il est maintenant un jeune homme séduisant et bien bâti. Il est aimé et admiré de tous pour son cœur, sa nature et son merveilleux caractère.

J'ai donc été présente à chaque étape. Je sais que je trouverai difficile le vide que son départ laissera. Je sais que je pleurerai. Mais je sais également qu'en étant pleinement présente, j'ai créé des souvenirs qui dureront et me consoleront plus tard.

Votre présence consciente dans votre propre vie est très puissante. C'est un don que d'être présent – un don pour vous et pour tous ceux avec qui vous partagez vos journées.

Cela a été la semaine de Christopher. Souhaitez-moi bonne chance. Oh, et achetez des actions de l'entreprise qui fabrique les mouchoirs de papier Kleenex. J'en ai vidé de nombreuses boîtes.

> *Mon doux Seigneur,* la famille est une grande source de récompenses. Aide-moi à toujours faire passer ma famille en premier devant tout ce qu'exige la vie et à créer une atmosphère dans laquelle nous pourrons grandir dans l'amour que nous avons les uns pour les autres. Réunis-nous selon ton dessein et aide-nous à nous apprécier et à nous comprendre les uns les autres. Fais en sorte que la joie, le rire et la paix remplissent les moments que nous passons ensemble. Amen.

Le pouvoir de la pause

> « Réalisez pleinement que le moment présent est tout ce que vous avez. »
>
> — *Eckhart Tolle*

Voilà, vous êtes assis, vous faites une pause avant d'appuyer encore une fois sur la touche d'avance rapide de votre vie. Je comprends. Je fais de même. Moi aussi, je vis en avance rapide.

Mais j'ai un souhait pour vous. Avant que vous vous décidiez à appuyer sur cette touche, j'espère – en fait, je prie à cet effet – que vous aurez d'abord le courage d'appuyer sur *Pause*.

Vous avez bien compris: appuyez sur la touche *Pause*. J'aimerais que nous puissions tous découvrir ce que j'appelle le pouvoir de la pause.

Alors que tout le monde court à gauche et à droite, je vous mets au défi de faire le contraire. Je vous mets au défi de faire une pause. Ce temps d'arrêt vous permettra de vous détendre, de respirer.

Je vous demande à tous d'apprendre à faire une pause – surtout maintenant, car même si je crois que le statut de notre communication est hors de contrôle, je crois également que le pouvoir de la pause nous offre une piste de solution.

Nous avons tous le pouvoir de modifier la façon dont nous nous parlons en tant que nation, en tant que société. Nous pouvons améliorer notre discours national – ce que nous lisons en ligne, dans les journaux et les magazines, ce que nous voyons à la télé, ce que nous entendons à la radio. Nous avons le pouvoir de changer tout ça.

J'espère que vous oserez entreprendre une transformation dans votre collectivité en faisant une pause et en changeant de canal lorsque vous communiquez.

FAITES UNE PAUSE – rayez la critique et les reproches de votre discours, et adoptez une attitude faite de compréhension et de compassion.

FAITES UNE PAUSE – rayez la négativité et les injures de votre discours, et adoptez une attitude faite d'acceptation et d'appréciation.

FAITES UNE PAUSE – rayez la dissimulation et la malhonnêteté de votre discours et adoptez une attitude faite d'ouverture et de clarté.

FAITES UNE PAUSE – remplacez les vociférations par le dialogue.

Edmund Hillary a dit: « Ce n'est pas la montagne que nous conquérons, mais nous-mêmes. » Sortez dans ce que j'appelle la grande arène. Faites une pause – et puis franchissez-en les frontières!

FAITES UNE PAUSE – et prenez le temps de découvrir ce qui est important pour vous et de vous l'approprier. Découvrez ce que vous aimez, ce qui est vrai et authentique pour vous – de manière à ce que cela devienne votre principale source d'inspiration au travail, à la maison et dans la vie.

FAITES UNE PAUSE – avant de répéter quelque chose que vous avez « entendu » alors que vous n'avez pas la certitude que c'est absolument vrai, que vous n'avez pas corroboré cette information avec non pas une source, mais deux, comme j'ai appris à le faire en tant que journaliste. Et assurez-vous que ces deux sources sont fiables – ne vous contentez pas de citer des sources qui ont « entendu » ce que vous avez « entendu ». Un mensonge ne devient pas vrai uniquement parce que plus d'une personne l'a entendu.

FAITES UNE PAUSE – avant de lancer une rumeur déguisée en fait réel. Ce n'est pas parce que vous l'avez lu ou l'avez entendu à la télé que c'est vrai, peu importe le nombre de répétitions. Ne colportez pas des bêtises parce que vous souhaitez être à l'avant-scène. Il n'y a là aucune gloire à retirer.

FAITES UNE PAUSE – avant d'envoyer un courriel, de publier une photo qui pourrait ruiner la vie de quelqu'un ou de faire un commentaire méchant parce que vous croyez que c'est amusant ou spirituel. Croyez-moi, ça ne l'est pas.

FAITES UNE PAUSE – avant de porter un jugement à propos des décisions personnelles ou professionnelles des gens.

FAITES UNE PAUSE – avant de déprécier l'apparence, l'identité sexuelle ou les capacités intellectuelles de quelqu'un.

FAITES UNE PAUSE – avant de répandre des potins incendiaires qui sèment des embûches sur la route de leaders en puissance et de leur famille.

Parfois, lorsque nous faisons une pause, nous nous donnons la latitude nécessaire pour comprendre que nous avons besoin de museler l'impulsivité générée par notre ego qui veut que nous nous sentions bons ou meilleurs ou plus grands ou plus « intelligents » ou dans « le secret des dieux ». Cette pause nous donne le pouvoir de changer de direction – et avec le pouvoir vient la responsabilité.

Donc, souvenez-vous de faire une pause avant de vous associer à un individu ou à un organisme dont vous savez déjà ne pas admirer ou respecter les réalisations. Votre employeur est aussi important que votre travail.

Ce n'est pas moi qui ai inventé ce concept qui consiste à tout arrêter. Henry David Thoreau s'est retiré dans la forêt, près de l'étang de Walden. Anne Morrow Lindbergh est allée au bord de la mer. Bouddha, Gandhi, Mère Teresa – les plus grands et les plus sages se sont souvent retirés de la vie active pour voyager en eux-mêmes.

La sagesse qu'ils y ont trouvée et qu'ils ont partagée avec nous a changé le monde.

Faites une pause et sentez votre force et votre vulnérabilité. Reconnaissez la bonté qui est en vous et n'en ayez pas peur. Examinez votre côté sombre et efforcez-vous de le comprendre, de manière à pouvoir choisir qui vous serez dans ce monde.

Vous, les femmes : penchez-vous sur votre résilience *et* sur votre douceur. Vous pouvez et devez faire de la place à ces deux qualités dans votre vie. Le monde en a besoin.

Vous, les hommes : trouvez la douceur qui est en vous et enrobez-la de votre virilité. Vous aussi pouvez faire de la place à ces deux qualités. Les plus grands hommes le font.

Je prie pour que vous soyez capable de faire une pause et de passer du temps avec vous-même afin d'exprimer votre reconnaissance pour le voyage qui vous a amené jusqu'ici. Dites votre gratitude aujourd'hui à tous ceux qui l'ont rendu possible. Faites une pause et éprouvez de la reconnaissance pour tout l'amour que vous avez dans votre vie et tout l'amour que vous avez reçu.

Alors que vous pénétrez dans la grande arène de la vie, gardez l'esprit ouvert, gardez votre cœur ouvert. N'ayez pas peur d'avoir peur. Les gens courageux ont souvent peur. De fait, c'est pour cette *raison* qu'ils ont besoin de courage !

Ayez le courage de surmonter vos peurs. Ayez le courage de faire fi du jugement d'autrui, d'aller au-delà des règles et des attentes d'autrui. Ayez le courage de transgresser les normes établies.

Vivez, écrivez votre propre histoire et ayez ensuite la bravoure d'en parler avec authenticité. Faites-moi confiance. Quelqu'un sera inspiré par elle et y puisera un enseignement.

Et finalement, rappelez-vous ceci : chaque fois que vous doutez, *faites une pause*. Prenez le temps de réfléchir. Examinez les options qui s'offrent à vous. Questionnez-vous sur vos intentions. Et ensuite ? Ensuite, écoutez votre cœur.

> *Mon doux Seigneur,* je dois ralentir le rythme afin de voir, vraiment voir, les gens qui font partie de ma vie. Aide-moi à être pleinement consciente de leur présence, à prendre le temps de les regarder dans les yeux, à établir un réel contact avec eux. Amen.

Le pouvoir de l'écoute

« Quand les gens parlent, écoutez attentivement. La plupart des gens n'écoutent jamais. »

— *Ernest Hemingway*

Aujourd'hui est un jour nouveau. Puissions-nous tous prendre le temps de faire une pause, de respirer profondément et d'aller de l'avant en sachant que ce moment est tout ce que nous avons.

Récemment, j'ai eu plus de questions que de réponses à propos de ce qui se passe dans notre pays. J'ai décidé de passer la semaine à écouter – à écouter des amis, à écouter des étrangers, à m'écouter moi-même. Et c'est donc ce que j'ai fait.

J'ai écouté une amie me raconter que son coiffeur est en colère parce que très peu de gens comprennent ce qu'il vit en tant que jeune Noir aux États-Unis. Mon amie a trouvé choquante la colère qui couvait sous la magnifique façade de cet homme qu'elle croyait si bien connaître. J'ai écouté une autre amie parler à voix basse de la solitude, de l'anxiété et de la pression qu'elle ressentait en tant que pourvoyeuse et aidante d'une grande famille élargie. Je n'en savais rien. J'ai écouté un aîné parler tranquillement de la difficulté de vieillir dans une société qui ne semble valoriser que la jeunesse. J'ai écouté quelqu'un pester contre l'état de notre politique, se plaindre du manque de leaders et de leadership, ainsi que de l'apathie de l'ensemble de la population.

J'ai écouté, et je ne vous rapporte pas même la moitié de ce que j'ai entendu. Si je le faisais, vous seriez encore en train de lire la semaine prochaine.

Partout où nous regardons, nous sommes inondés de nouvelles et d'informations à propos du côté tragique des événements. Nous sommes divisés et isolés par la langue, l'âge, la couleur, le sexe, la politique, les codes postaux, la technologie, les médias et les niveaux de revenu. Et pourtant, simultanément, nous cherchons tous à nous connecter, nous cherchons tous une expérience à partager – une expérience au cours de laquelle nous pourrons entendre quelqu'un dire : « Je t'entends », « Je comprends », « Moi aussi », « Tu n'es pas seul ».

J'ai appris tout cela en écoutant pendant que j'élevais mes enfants, que je faisais des reportages, que je travaillais auprès de femmes et de familles confrontées à la maladie d'Alzheimer. Lorsque j'écoute suffisamment longtemps quelqu'un que j'aime ou une personne qui croise ma route, je remarque toujours des points communs. Je finis toujours par me dire : *Nous nous ressemblons beaucoup plus que nous le pensons. Si seulement nous pouvions retirer notre masque et partager notre vérité.*

Pendant ma semaine d'écoute, j'ai également prêté attention à mon propre discours et j'ai partagé avec les autres ce que j'ai appris à mon sujet. C'est quelque chose que je ne fais pas souvent.

Voici ce que j'ai découvert: Moi aussi, je me sens souvent déconnectée, effrayée ou angoissée. Moi aussi, je me sens souvent seule dans la vie. Je suis pleinement consciente du fait que mon vécu ne ressemble en rien à celui de ce jeune Noir qui coupe les cheveux de mon amie – ni de tous les *blacks* d'ailleurs. Il est essentiel que je comprenne mieux ce profond clivage. Je sais également que mon vécu ne ressemble en rien à celui d'un homme blanc, d'un Latino ou d'une personne transgenre. Il est essentiel que je comprenne mieux ce qu'est réellement leur vie. De fait, mon propre vécu est unique. Et devinez quoi? C'est également le cas du vôtre.

Mais ce que nous avons tous en commun, je crois, c'est le désir d'être compris, d'être vus, de compter, de se sentir à notre place. En tant que *nous-même* – et non pas en tant que membre d'une famille, d'une religion, d'une race ou d'un groupe, ni en tant que partenaire de vie de notre conjoint. Nous partageons tous une expérience commune dans notre humanité. Nous voulons tous que quelqu'un nous écoute, prête attention à qui nous sommes vraiment, à ce que nous ressentons, à ce qui nous fait peur.

Je sais qu'il est difficile de marquer un temps d'arrêt dans le tourbillon de la vie quotidienne, de faire une pause, de garder le silence et d'écouter vraiment. Je sais qu'il est difficile d'écouter quelqu'un parler de la douleur qu'il ressent, de sa frustration, de sa colère et de sa solitude sans l'intérioriser nous-même ou porter spontanément un jugement. Mais si nous écoutons vraiment, nous réalisons que même si nos expériences diffèrent grandement, notre cœur et nos désirs se rejoignent.

La même chose est vraie sur une vaste échelle. En ce moment même, je crois que nous voulons tous des leaders qui nous rassemblent. Non pas seulement avec des mots, mais avec des expériences et des actions. Nous voulons des leaders qui écoutent, qui sont suffisamment braves pour se livrer à nous afin que nous ayons un aperçu de leur propre humanité, de leurs propres luttes, de leurs propres peurs. C'est là que débutent la connexion et la confiance.

Actuellement, dans notre pays et dans le monde, nous avons besoin de leaders qui nous demanderont de mettre à profit notre grandeur individuelle. Parce que nous pouvons le faire. Nous pouvons tous faire un pas en avant et offrir au monde ce qu'il y a de meilleur en nous – dans notre foyer, dans nos écoles et dans notre collectivité.

Imaginons une autre façon de faire. Imaginons que nous pouvons nous engager à écouter avec un esprit ouvert, un cœur ouvert, afin de trouver un dénominateur commun. Imaginons. Nous pourrions bien entendre quelques réponses. Et elles ne viendront peut-être pas de derrière un podium ou du réseau Internet. Elles pourraient bien se trouver à l'intérieur de vous. Écoutez.

Mon doux Seigneur, je prie afin de toujours avoir de bons amis autour de moi de manière à ce que nous puissions nous influencer, nous encourager et nous inspirer les uns les autres à donner le meilleur de nous-mêmes. Je prie pour avoir des amis qui diront la vérité par amour pour moi, qui me donneront de sages conseils lorsque j'en aurai besoin, et qui m'aideront dans les temps difficiles. Aide-moi à être moi-même ce genre d'amie pour eux. Amen.

Le pouvoir de l'empathie

« Les plus belles choses dans le monde ne peuvent pas être vues ou même touchées, elles doivent être senties avec le cœur. »

— *Helen Keller*

L'empathie est un sentiment. C'est différent de la sympathie, différent de la tolérance, et même de la compassion. L'empathie est la capacité de percevoir ce que ressent une autre personne, la capacité de comprendre ce qu'elle vit. Bref, c'est la capacité de se mettre à la place d'autrui. Cela peut être difficile.

Je me rappelle que, il y a de cela plusieurs années, je me rendais à pied au centre commercial avec mon fils. Nous avons aperçu une femme qui disait la bonne aventure en échange de 5 $. Elle prétendait pouvoir vous décrire et prédire vote avenir en lisant le marc de café au fond de votre tasse. Je ne peux résister à ce genre de choses. Nous nous sommes arrêtés.

Mon fils s'est assis, a vidé dans un bol le contenu de la tasse qu'elle lui avait donnée et l'a renversée sur une soucoupe où s'est déposé le marc. Il a attendu.

Elle a examiné le motif formé par le résidu de café, et puis elle l'a regardé et a dit : « Ouah ! Vous êtes empathique ! Savez-vous ce que cela signifie ? »

Il a répondu : « Oui, je crois. »

Elle a dit : « Cela signifie que vous avez la capacité de comprendre ce que vivent les autres. »

J'ai été étonnée, parce que c'est vrai.

Elle lui a encore dit : « Grâce à cette empathie, vous aiderez les gens et vous les guérirez. » Il lui a adressé un grand sourire. Je me rappelle à quel point il a été fier de se faire dire qu'il avait cette qualité.

Certains d'entre nous, comme mon fils, sont nés empathiques. D'autres apprennent à le devenir auprès de leurs parents, de leurs enfants, de leurs professeurs – ou auprès d'une âme patiente et aimante qui entre dans leur vie. Heureusement, nous pouvons tous développer cette qualité qu'est l'empathie. Notre monde en a plus que jamais besoin.

Je crois que la vaste majorité des gens sont bons et souhaitent vivre dans un monde plus humain et compatissant. Et c'est l'empathie qui peut paver la voie menant à ce monde. Et parce que nous sommes plus diversifiés que jamais, plus mondialement connectés que jamais, nous avons plus que jamais besoin d'empathie.

Mais je sais que de nombreuses personnes croient que cette vision est utopique. Ils me parlent de cette mentalité du chacun pour soi qui est endémique, de la diabolisation des gens qui sont différents de nous – ils me disent que tout cela continuera de passer avant tout sentiment de solidarité que nous pourrions avoir.

Je ne suis absolument pas d'accord. Je crois que la création d'un monde plus humain, plus compatissant et plus paisible devrait commencer par la compréhension des expériences de l'autre, par l'acceptation de toutes nos différences et du fait que les gens n'ont pas à être/paraître/vivre exactement comme nous le faisons pour être dignes d'exister.

L'un des meilleurs moyens que j'ai trouvés pour comprendre les gens dont la vie diffère de la mienne consiste à me mettre au service d'autrui. Grâce à mon travail de sensibilisation à la maladie d'Alzheimer, au bénévolat que je fais dans le cadre des Jeux olympiques spéciaux, du programme Best Buddies[1] et au sein de mon église – je me sens épanouie et connectée, et je sens que je comprends les autres d'une manière qui aurait été autrement impossible.

J'ai découvert que lorsque quelqu'un fait preuve d'empathie envers moi et mon vécu, cela m'attendrit et me donne envie d'agir de même avec quelqu'un d'autre qui, à son tour aura la même envie, et ainsi de suite.

Donc, aujourd'hui, pensez à ces moments où vous avez senti que quelqu'un avait de l'empathie pour vous –

---

1. Vrais Copains *(Note de la traductrice)*

et réalisez que cette qualité est en vous et qu'elle attend que vous en fassiez profiter quelqu'un.

> *Mon doux Seigneur*, je te prie de me faire don de la capacité de faire preuve d'empathie, de comprendre ce que vivent les autres. Aide-moi à les écouter sans porter de jugement. Adoucis mon cœur afin que je puisse être à l'écoute du cœur des autres. Amen.

Le pouvoir du détachement

« Certaines personnes pensent que tenir bon et s'accrocher sont des signes qui reflètent une grande force. Cependant, il y a des moments où il faut beaucoup plus de force pour savoir quand lâcher prise et le faire ensuite. »

— *Ann Landers*

Dernièrement, j'ai beaucoup réfléchi au détachement – à quel point il est beaucoup plus facile d'en parler que de le mettre en pratique.

Il est difficile de lâcher prise – de se détacher des choses, des liens qui nous unissent à quelqu'un, des croyances qui ne nous servent plus, des vieilles histoires que l'on se raconte à soi-même, des gens. De renoncer à la façon dont les choses étaient. Et il est particulièrement difficile de voir ses enfants quitter le nid.

Personnellement, je trouve ironique que l'éducation des enfants exige que l'on s'investisse totalement, en tout temps – que l'on offre un amour inconditionnel, que l'on soit pleinement présent – et puis, qu'il faille se détacher d'eux. Et vlan! Juste comme ça, on s'attend à ce que vous lâchiez prise. Et que vous vous en réjouissiez!

Je suppose qu'il s'agit là du cycle de la vie. Vous leur avez donné le meilleur de vous-même. Vos enfants sont donc censés se sentir aimés, en sécurité et autonomes – suffisamment autonomes pour quitter la maison (j'étais sur le point de dire «vous abandonner») et voler de leurs propres ailes. Et vous, le parent, êtes censé vous sentir très serein. Vous êtes censé leur dire adieu d'un geste de la main, le sourire aux lèvres, et vous sentir satisfait du travail accompli.

Mais enfin, c'est quoi ce b—?!

Je trouve difficile de lâcher prise. Je le fais, mais j'avoue que je n'aime pas ça. Non, je n'aime pas ça du tout. Je le dis en toute franchise.

Je me rappelle être allée chez Bed Bath & Beyond[1] à trois reprises pendant la même semaine. (J'avais quatre enfants qui déménageaient – qui s'installaient dans une résidence universitaire, qui la quittaient, qui s'installaient dans un appartement, qui le quittaient, qui déménageaient, déménageaient, déménageaient.) Je m'y étais rendue si souvent que le gérant m'accueillait chaleureusement avec des blagues telles que: «Ça y est? C'est la

---

1. Magasin d'articles de maison. *(Note de la traductrice)*

dernière fois, vraiment la dernière ? » Je souriais alors que mes yeux se remplissaient de larmes. Ma fille levait les yeux au ciel et me disait : « Relaxe ! » (À tout hasard, sachez que je déteste me faire dire de relaxer.) Elle me disait : « Sois heureuse pour nous ! » Elle me rappelait chaque jour que cela ne me remettait pas en cause, que je devais laisser mes enfants vivre leur vie. Que je devais lâcher prise ! Elle disait : « Tout ça, c'est dans l'ordre des choses ! »

Mais parfois, je n'aime pas que ce soit dans l'ordre des choses. C'est pourquoi j'ai eu besoin d'une bonne dose de courage pour aller de l'avant.

Donc, lorsque mon cadet a reçu son diplôme d'études secondaires et a traversé la scène pour entrer dans l'âge adulte, j'ai dû reconnaître que le moment de lâcher prise était venu. *Lâche prise, Maria*, me suis-je dit à moi-même. *Lâche prise.* Ah !

Eh bien, la vérité c'est que je peux le faire et que je le ferai. J'ai la foi. J'ai foi en moi-même et en mes enfants. Je sais que ce nouveau volet de ma vie laissera davantage place à l'improvisation et à la liberté. C'est à la fois effrayant et exaltant. Mes journées ne seront plus organisées en fonction d'un calendrier scolaire. J'aurai maintenant le loisir d'imaginer mes journées, de les créer.

Cela signifie également que je ne pourrai plus me cacher derrière mes enfants, je ne pourrai plus dire : « Je ne peux pas aller là-bas » ou « Je ne peux pas faire cela » à cause de mes obligations parentales. Je devrai m'y faire. Je n'ai pas le choix.

J'ai lu un jour que quelqu'un a dit : « Il y a des marques de griffes sur tout ce dont je me détache ! »

Mais je suis libre maintenant. Bon, d'accord, je suis prête. Car la vérité c'est que se DÉTACHER signifie également DÉCOLLER ! (Je vous en prie, rappelez-moi que j'ai dit ça !)

> *Mon doux Seigneur,* je trouve difficile de lâcher prise parce que je veux garder le contrôle. Cela me donne un sentiment de sécurité. Aide-moi à réaliser que tout va bien même si je me détache et fais en sorte que la vie se déroule comme il se doit. Amen.

Le pouvoir du merci

« Si la seule prière que vous dites au cours de votre vie est "merci" cela suffira. »

— *Maître Eckhart*

J'ai toujours été partisane des bonnes manières à l'ancienne. Elles font partie de mon éducation et je les ai inculquées à mes enfants.

Dis toujours « s'il vous plaît » et « merci ». Lève-toi quand un adulte entre dans la pièce. Ouvre la porte aux gens. Pas de téléphone à table. Présente-toi toujours, et si des amis sont avec toi, présente-les aussi. Regarde les gens dans les yeux lorsque tu leur parles. Remercie les gens chez qui tu as participé à une fête. Apporte un cadeau lorsque tu es invité quelque part – une bougie, quelques fleurs, ou peut-être même ce livre? Et envoie toujours, toujours, une carte de remerciement écrite à la main.

Je suis une inconditionnelle des cartes de remerciement écrites à la main. De fait, je n'ai jamais embauché personne qui ne m'ait pas écrit une note de remerciement à la main après une première entrevue. Les bonnes manières ne se démodent pas, et le remerciement est toujours d'actualité.

J'ai beaucoup réfléchi dernièrement au pouvoir du « merci ». À lui seul, ce petit mot a un énorme impact. C'est sur quoi je médite aujourd'hui.

En fait, il y a tellement de gens que nous pourrions remercier sur une base quotidienne. Mais trop souvent, pris par nos occupations, nous oublions de le faire. Je sais qu'il m'arrive souvent de ne pas prendre le temps de remercier les gens grâce à qui je passe une belle journée : les gens avec qui j'ai la chance de travailler, les gens qui m'aident à la maison, les parents qui font partie de mon cercle de connaissances et qui m'ont aidée de nombreuses façons pendant de nombreuses années, mes amis qui me téléphonent simplement pour me dire « bonjour » mes frères et mes belles-sœurs, mes cousins et mes cousines, mes nièces et mes neveux, et bien entendu mes enfants. La liste est longue.

Personnellement, je trouve émouvant que quelqu'un m'offre des remerciements. Cela me fait sourire, cela me rend heureuse. C'est un geste que je remarque. Je suis touchée chaque fois que la petite amie de mon fils m'envoie une carte de remerciement. C'est toujours un événement pour moi. Je suis reconnaissante que les amis de mes enfants me remercient lorsque je fais quelque chose pour eux ou que ma fille m'offre une boîte de beignets pour me remercier de l'avoir conduite à un concert ! Ou lorsque mon autre fille m'envoie de la documentation à propos des suppléments nutritionnels que je devrais prendre (mais que je ne prends pas). Ou lorsque mon plus jeune fils me demande comment a été ma journée ou que mon aîné m'apporte une tasse de café même si je ne lui ai rien demandé. Ou lorsque mes frères ou mes amis m'invitent lorsqu'ils sortent en ville, que je sois seule ou avec les enfants. De petites choses peuvent faire une grande différence : une note de remerciement, un café, un appel téléphonique, une invitation, un courriel – elles s'additionnent toutes. Merci.

Exprimer sa gratitude, dire merci est extrêmement significatif. Cela veut dire que vous voyez les autres, que vous remarquez qui ils sont et ce qu'ils font. C'est affirmer : « Je veux que tu saches que tu comptes pour moi. » C'est grand. C'est un gage de bonnes manières, et aussi d'empathie.

Donc, je dis merci à Dieu, à ma famille, à mes amis. Merci d'être là pour moi. Hier, aujourd'hui et chaque jour.

Et un merci tout spécial à vous, mes enfants, pour la joie et l'amour que vous apportez dans ma vie et pour l'occasion que vous m'avez donnée d'être votre maman.

P.-S. : N'oubliez pas d'envoyer des cartes de remerciement écrites à la main !

Mon doux Seigneur, je te remercie. Je suis extrêmement reconnaissante que tu m'encourages à célébrer ma vie avec les merveilleuses personnes que tu as placées à mes côtés. Merci pour les nombreuses fois où tu as répondu à mes prières. Fais en sorte que je n'oublie jamais ton incommensurable bonté. Amen.

Le pouvoir de la maternité

« L'amour d'une mère pour son enfant ne connaît ni loi, ni pitié, ni limite. Il pourrait anéantir impitoyablement tout ce qui se trouve en travers de son chemin. »

— *Agatha Christie*

Parfois, je m'arrête, je respire profondément et je réfléchis à l'énormité de la maternité. Oui, je dis bien l'énormité, parce qu'être mère est le travail le plus grand, le plus magistral, le plus absolu qui existe sur la planète.

Je me sens tellement choyée, tellement émue et tellement honorée d'être la mère de Katherine, Christina, Patrick et Christopher.

Je dois avouer que la maternité me faisait peur. J'ai été élevée par une mère formidable. Et j'étais certaine que je ne saurais jamais être son égale. J'avais peur de ne pas être à la hauteur, de ne pas savoir quoi faire, d'être incompétente, de faire toutes sortes d'erreurs.

Mais j'ai fini par comprendre que chaque femme est mère à sa manière, et j'ai fini par me faire confiance.

Je connais mes enfants et je sais que, dans leur cœur, ils savent que je les aime profondément. Ils savent qu'ils sont et ont toujours été ma priorité, ma joie, ma plus grande raison d'être.

Ils savent que j'ai fait des erreurs. Ils disent que je n'ai pas élevé les plus vieux comme j'ai élevé les plus jeunes. Ils disent que je n'ai pas été cohérente dans l'éducation que j'ai donnée aux garçons par opposition à celle que j'ai donnée aux filles. Les filles disent que j'ai été beaucoup plus stricte avec elles. Les garçons disent que j'ai dépensé trop d'argent pour les filles. Et c'est en partie vrai. (En quelque sorte.) Mais en dépit de mes erreurs, je sais qu'ils m'ont toujours aimée.

Et ils m'ont appris tant de choses. Ils m'ont appris à aimer avec douceur, à être présente. Ils m'ont enseigné la patience, la gentillesse et l'acceptation. Ils m'ont fait redécouvrir les divertissements du jeu et du plaisir. Ils m'ont aidée à entretenir mon sens de l'humour et mon esprit d'aventure. Oui, j'ai voyagé dans le monde entier avec eux, mais les voyages les plus enrichissants ont été ceux où ils m'ont emmenée loin dans leurs pensées, leurs espoirs, leurs rêves et leurs peurs.

Je remercie ma mère qui festoie au paradis avec sa propre mère. Elle m'a tant appris à propos de la maternité.

Ce que j'ai appris toute seule, c'est que je ne devais pas avoir peur de toutes ces choses que je me croyais incapable de faire. La chose la plus importante que je devais et pouvais faire, c'était d'aimer – aimer ouvertement et aimer inconditionnellement. Rien d'autre ne compte vraiment. Ce ne sont pas les listes de choses à faire. Pas les activités, pas les cours, pas les visites au centre commercial, pas les rencontres parents-enseignants, pas la plage, pas le terrain de football. Au bout du compte, je crois que c'est le temps que nous avons passé à nous aimer les uns les autres dont les enfants se souviennent le plus. Les repas amusants, les parties de Uno, les promenades, les discussions. Voilà ce que j'ai appris.

Aimer. Être mère, c'est aimer.

Mon doux Seigneur, merci de m'avoir donné la possibilité d'être mère. Je sais que mes enfants sont une bénédiction que je te dois. Je te demande de continuer à me guider, à m'accorder patience et sagesse alors que je tente d'apporter mon soutien à mes enfants dans leur cheminement personnel. Je te prie de les guider eux aussi et de prendre soin d'eux lorsque la vie placera des obstacles sur leur route. Amen.

Le pouvoir du rire

« Un jour, nous repenserons à tout ça et nous rirons. »

— *Plusieurs personnes au fil des ans*

Il n'y a rien comme le rire pour transformer une journée.

Y a-t-il des gens qui vous font rire dans votre entourage ? Êtes-vous capable de rire de vous-même ? Faites-vous un effort pour vous assurer que le rire fait autant partie de votre vie que le travail, la famille et la nourriture ?

La vie telle que nous la connaissons peut être difficile – nous apporter des inquiétudes en matière de carrière, enfants, parents, santé et finances. Le rire est la meilleure chose que j'ai trouvée pour alléger une situation oppressante.

J'ai beaucoup de chance, car mes enfants et mes amis me font tout le temps rire. L'une de mes filles a le don de m'envoyer des vidéos amusantes. Elles apportent légèreté et lumière dans mes journées, et j'en redemande. J'ai un ami qui rédige des courriels hilarants. Ils me font tellement rire que j'ai créé un dossier spécial pour les conserver de manière à pouvoir les relire, encore et encore. J'ai quelques amis qui sont capables de voir l'aspect cocasse de n'importe quelle situation.

Il y a également quelques films qui me font toujours rire, même si je les ai vus plusieurs fois : *Garçons sans honneur, Grossesse surprise, Mes meilleures amies, Frangins malgré eux* – pour vous donner une idée de ce qui m'amuse.

Le rire est un cadeau que nous nous faisons à nous-mêmes. Veillez à ce qu'il fasse toujours partie de votre vie, quel que soit votre âge, peu importe que vous ayez mal au dos et aux genoux. Rire de vous-même change la façon dont vous vous sentez physiquement. Le pouvoir du rire guérit, rajeunit, libère l'esprit et nous fait voir la vie sous un meilleur jour. Ne le laissez pas vous échapper.

> *Mon doux Seigneur,* merci pour la joie que j'ai dans la vie. Merci pour ce don qu'est le rire, pour son pouvoir qui rend mon cœur léger. Aide-moi à être une messagère de joie pour les autres et aide-moi à rire de moi-même. Amen.

Le pouvoir de la foi

« N'allez pas là où le chemin peut mener. Allez là où il n'y a pas de chemin et laissez une trace. »

— *Paroles attribuées à Ralph Waldo Emerson*

Cette citation d'Emerson est punaisée sur mon tableau d'affichage et je souris chaque fois que je la lis.

Je souris parce que cela me ramène à mon enfance.

Enfant, j'admirais la foi constante, fervente et inébranlable de ma grand-mère. Donc, un jour que j'étais seule avec elle, je lui ai demandé : « Grand-maman ! Qu'est-ce que je peux faire pour avoir une foi comme la tienne ? »

Elle m'a lancé un regard interrogateur, la tête penchée sur le côté – comme si je lui avais posé une question idiote. Et puis, elle a dit : « Eh bien, Maria, il suffit d'en faire la demande à Dieu. Demande à Dieu de te donner une plus grande foi. Et il le fera. C'est tout ! »

Au cours de ma vie, j'ai dû faire appel à ma foi à plusieurs reprises et demander à Dieu de m'en donner davantage. Croire davantage en lui, croire davantage à la mission que j'ai sur terre, croire davantage que je chemine dans la bonne direction, croire davantage en moi-même.

En fait, si nous voulons tracer notre propre voie dans la vie, si nous voulons connaître une existence qui n'appartient qu'à nous, il faut une grande foi.

Pour être honnête, je dois avouer que j'ai souvent perdu la foi – me demandant où j'allais et ce que je faisais. Mais grâce à Dieu, je suis toujours arrivée à retrouver le droit chemin.

Généralement, j'y parviens en restant assise dans le silence, à l'écoute de conseils. Cela me calme et les mots viennent : « Aie la foi, Maria. Aie foi en Dieu et foi en toi-même. Tu te trouves précisément là où tu dois être. »

Je crois fermement que je suis ici pour laisser ma marque, et je continue donc à avancer.

Ma grand-mère avait raison : demandez à Dieu qu'il vous donne la foi, et s'il ne vous l'accorde pas la première fois, continuez à lui adresser des demandes.

Mon doux Seigneur, je reconnais que, au tréfonds de moi, je suis faible et vulnérable, mais je me réjouis que tu sois à mes côtés et du fait que je ne suis la victime de personne. Merci d'être une forte présence dans ma vie. Merci de ne rien laisser me séparer de ton amour, peu importe les circonstances. Cela me rend victorieuse, invariablement. Amen.

Le pouvoir de la prière et de la méditation

« Prier, c'est parler à Dieu. Méditer, c'est laisser Dieu vous répondre. »

— *Yogi Bhajan*

Toute petite, j'ai appris à prier – à réciter des prières à propos de Dieu, de Jésus, de Marie, de la vie. Dans mes prières, je demandais également pardon pour des choses que j'avais dites et faites. Je demandais pardon parce que j'avais été méchante avec mes frères, parce que je n'avais pas assisté à la messe, parce que j'avais volé des bonbons, etc.

En vieillissant, mes prières ont changé de registre. J'ai prié pour la santé et le bonheur de mes quatre enfants. J'ai prié pour mes amis. Lorsque ma mère a été hospitalisée, j'ai prié pour qu'elle survive – et lorsqu'elle a été mourante, j'ai demandé à Dieu de venir la chercher et de veiller sur elle. Lorsque mon père a été atteint de la maladie d'Alzheimer, j'ai demandé à Dieu de l'aider et de nous aider à traverser cette épreuve. Lorsque mon fils a eu un accident, j'ai demandé à Dieu de l'épargner et je lui ai promis de toujours assister à la messe. (Je n'ai pas tenu cette promesse et j'ai dû prier pour qu'Il me pardonne.) Et puis, lorsque tout est allé de travers dans ma propre vie, j'ai prié pour obtenir des conseils, de l'aide, du soutien.

Le temps est passé et j'ai continué à prier – pour la foi, pour le pardon, pour la sagesse. Mais ce n'est que beaucoup plus tard dans ma vie que j'ai commencé à pratiquer la méditation.

Cela n'a pas été facile. En fait, j'étais une apprentie médiocre. Une amie m'a donc offert en cadeau quelques séances avec un professeur de méditation. « Cela t'aidera » m'a-t-elle dit.

Le professeur s'est assis en face de moi pendant trois jours d'affilée pendant que je bougeais, me levais et me rassoyais, vérifiais mon téléphone, parlais, me promenais autour de la pièce, et même pleurais. J'étais incapable de rester tranquille. De m'asseoir avec moi-même, avec mes pensées, avec mon moi intérieur et mon désordre intérieur.

Mais j'ai persévéré, car je savais que c'était nécessaire. Je savais qu'il me fallait aller sous la surface. Je savais qu'il me fallait trouver le calme. Je savais que je devais être capable d'apprécier le silence de manière à pouvoir entendre Dieu me parler, parler en moi. Je n'ai donc pas abandonné, et c'est ce qui a fait la différence.

Maintenant, je médite chaque jour. Je commence chaque journée dans le silence et l'immobilité, et j'adore ça. Je prie, je réfléchis, je médite. Je demande des conseils, et j'attends la réponse. Je prie, je réfléchis, je médite, et puis je recommence.

Je recommande la prière et la méditation à quiconque souhaite non seulement dire à Dieu ce qu'il pense et ressent, mais aussi entendre ce que Dieu essaie de lui dire, de lui enseigner, de lui montrer. Je recommande la prière et la méditation à quiconque souhaite transformer son désordre intérieur en paix intérieure. Amen.

> *Mon doux Seigneur,* je souhaite passer du temps avec toi chaque jour, faire taire les soucis et préoccupations qui font tant de bruit dans mon esprit, mon cœur et mon âme, de manière à pouvoir entendre ta sagesse et sentir l'amour que tu m'as donné chaque jour de ma vie. Amen.

Le pouvoir du pardon

« Les faibles ne peuvent jamais pardonner. Le pardon est l'attribut des forts. »

— *Mahatma Gandhi*

C'est une grande question, et mes réflexions au sujet du pardon ont évolué. Alors, croyez-en mon expérience : si vous avez de la difficulté à pardonner, soyez indulgent avec vous-même, car j'ai appris que le pardon est un processus, et qu'il faut y mettre le temps nécessaire.

Qu'est-ce que le pardon ? C'est lâcher prise devant le ressentiment, renoncer à se sentir blessé ou lésé. Cela ne signifie pas que la douleur n'a pas existé. Cela signifie que vous ne passerez pas votre temps à la ressasser, à vivre dans le ressentiment qu'a fait naître la personne qui vous a blessé. Même si cette personne est vous-même.

J'ai prié pour apprendre à pardonner. J'ai tenté de me faire entendre raison. Et souvent, je me suis astreinte à pardonner même si je n'étais pas vraiment prête à le faire, et ce uniquement pour me retrouver au point de départ : pleine de ressentiment et démoralisée.

Donc, pour devenir celle que je voulais être – c'est-à-dire une personne sérieuse, solide, paisible, clémente –, j'ai commencé à me pencher sur moi-même.

Lorsque je me surprenais à me réprimander pour des choix que j'avais faits, des occasions que je n'avais pas saisies, des gens que j'avais mal jugés, des comportements que j'avais tolérés, la totale –, je m'arrêtais. « Plus de ça. » J'ai commencé à être indulgente avec moi-même. Jour après jour.

Lorsque j'ai commencé à me montrer moins stricte envers moi-même, j'ai découvert que j'étais capable de l'être moins envers les autres. J'ai découvert que mes besoins étaient également les leurs. Si j'avais fait des erreurs et méritais d'être pardonnée, alors ils le méritaient aussi. Si j'avais blessé quelqu'un, que cette personne m'avait accordé son pardon et que je pouvais aller de l'avant, alors ils le pouvaient aussi. Si j'avais critiqué et jugé quelqu'un, et que j'avais obtenu son pardon, alors ils pouvaient aussi faire l'objet de la même clémence de ma part.

Autrement dit, si je pouvais lâcher prise devant le ressentiment et les jugements que je portais envers moi-même, je pouvais et devais faire de même envers les autres et aller de l'avant au lieu de faire du surplace. Je devais donner ce que je cherchais moi-même à obtenir.

Pardonner, c'est renoncer au besoin de crier à l'injustice. Travaillez là-dessus. Vous allégerez votre fardeau – le fardeau de négativité que vous transportez partout où vous allez.

> *Mon doux Seigneur*, fais que je ne tombe pas dans le piège du ressentiment ou de toute autre forme de peur ou de haine. Et si cela se produit, transforme mes pensées en prière pour mon ennemi ou celui qui en a besoin.
>
> — *Père Frank Desiderio*

Le pouvoir de votre histoire

« On ne sait jamais comment notre histoire inspirera les autres. Partagez-en les pages que vous souhaitez, gardez certaines bribes pour vous, et n'oubliez jamais de toujours ajouter de nouveaux chapitres à mesure que vous avancez. »

— *Maria*

Je me considère comme une conteuse, mais j'ai souvent de la difficulté avec mon récit personnel. Ayant grandi dans une famille célèbre, il m'est souvent arrivé de ne pas savoir où s'arrêtait l'histoire familiale et où commençait la mienne. Je me demandais : *Est-ce que c'est mon histoire ? Est-ce que je peux la partager si elle mentionne des gens qui évoluent sur la scène publique ?*

Il y a quelques années, j'ai raconté l'histoire de ma vie à une amie – j'ai parlé de mon enfance, de la façon dont les gens m'avaient aidée à trouver ma propre voie, m'avaient guidée dans ma carrière journalistique, m'avaient amenée à vivre sur la côte ouest, m'avaient endurcie et tout ce qui avait fait de moi la personne que je suis aujourd'hui.

Mon amie m'a brusquement interrompue au beau milieu de mon récit et a dit : « Holà, holà, holà ! Tu n'y es pas du tout !

— Quoi ? Que veux-tu dire ?

— *Tu* es l'héroïne de ta propre histoire. Cesse de rendre les autres responsables de chaque tour et détour que tu as fait dans ta vie. *Tu* as pris les décisions qui t'ont menée du point A au point B. *Tu* as travaillé dur. *Tu* as réussi à te frayer un chemin pour arriver là où tu es aujourd'hui. Ton histoire est celle du voyage d'une héroïne. Raconte-la comme telle ! »

Me dérobant, j'ai dit : « Non, non, non, non ! Je n'ai pas fait ceci, je n'ai pas fait cela ! Je n'ai pas eu à surmonter ceci ou cela ! »

Encore une fois, mon amie m'a interrompue. « Cesse de dévaloriser ton histoire ! Cesse de te comparer aux autres. Fais-la tienne. Raconte-la d'une manière qui fera en sorte que tu en sois fière ! Tu es une survivante, et ton histoire est loin d'être terminée ! »

Ces paroles pourraient très bien s'appliquer à vous aussi. Pouvez-vous écrire votre histoire d'une manière qui vous procure une bonne opinion de vous-même ? Pouvez-vous la rédiger afin qu'elle vous inspire de la fierté ? Si vous avez des enfants, lorsqu'ils liront votre histoire, comprendront-ils à quel point vous êtes fort, se rendront-ils compte de tous ces obstacles que vous avez franchis, verront-ils la façon dont vous vous êtes ressaisi et avez poursuivi votre route ?

Pensez à toutes les décisions que vous avez prises et qui ont façonné votre vie. Pas seulement aux décisions stupides (parce qu'il nous arrive à tous d'en prendre), mais aussi aux décisions avisées – celles qui montrent que vous savez ce que vous faites.

Il y a quelques années, j'ai eu une discussion à propos de moi-même avec l'une de mes filles. Elle me décrivait, ainsi que mes choix, sous un jour moins que flatteur. Cela m'a irritée au plus haut point ! J'ai rétorqué avec une fureur qui nous a surprises toutes les deux.

J'ai été moi-même étonnée par les paroles que j'ai prononcées. J'ai relaté avec force détails saisissants toutes les décisions que j'avais prises au cours de ma vie qui venaient directement contredire la description qu'elle en faisait. Des décisions difficiles qui avaient exigé de la force, de l'endurance et du courage. J'en concluais que je savais ce que je faisais, que j'avais fait des choix éclairés et que personne – ni elle ni quelqu'un d'autre – ne devrait jamais, au grand jamais me sous-estimer ou me décrire autrement que comme une survivante !

Elle m'a regardée et a dit : « Holà, d'accord ! Calme-toi ! J'ai compris ! Je comprends ! »

Donc, la prochaine fois que vous vous raconterez votre histoire ou que vous la raconterez à quelqu'un – et que vous donnerez le beau rôle aux autres – arrêtez-vous ! Attribuez-vous le mérite de la vie que vous avez créée. Et si vos enfants tentent de vous dire que vous êtes quelqu'un que vous n'êtes pas, défendez-vous !

> *Mon doux Seigneur,* aide-moi à raconter mon histoire en ayant de la compassion pour moi-même. Aide-moi à faire preuve d'indulgence à mon égard en ce qui a trait aux décisions que j'ai prises et que je prends. Et aide-moi à faire les bons choix alors que mon histoire continue à se dérouler. Amen.

Poursuivre l'illusion de la perfection

« La perfection ne procure pas le sentiment d'être parfait. C'est plutôt le contraire. »

— *Maria*

La perfection est une illusion. Il est très important de le savoir.

Personne, nulle part, n'est parfait, et tous ceux qui se sont targués de l'être n'ont pas tenu leurs promesses. Croyez-moi, c'est là une grosse perte de temps et ne peut que contribuer à diminuer encore plus l'opinion que vous avez de vous-même.

Nous vivons à une époque où tout le monde parade et parle de sa vie soi-disant « parfaite » : la perfection en tout – corps, cils, vêtements, carrière, résidence, voiture, vie amoureuse et enfants. Vraiment ? Une telle « perfection » est toujours une illusion, et s'évaluer en se comparant à une illusion est une proposition inévitablement perdante. Vous devez éprouver un sentiment d'infériorité, car qui peut rivaliser avec la perfection ? Surtout s'il s'agit d'une illusion.

Devinez quoi ? Les êtres humains ne sont pas parfaits. C'est cela, être humain. Nous sommes censés être imparfaits.

Toutes les personnes à qui j'ai parlé et dont la vie semblait parfaite vue de l'extérieur m'ont avoué en murmurant qu'elles avaient parfois eu le sentiment de tout juste réussir à garder la tête hors de l'eau. Ça m'est arrivé. Après la naissance de chacun de mes enfants, je me blâmais parce que mon corps ne s'en remettait pas rapidement, comme c'était le cas de tant de femmes qui illustraient la couverture des magazines.

Je me rappelle l'époque où j'étais première dame de la Californie. Nombreux étaient les gens qui croyaient que j'avais une vie parfaite – une famille formidable, les cheveux des Kennedy, de magnifiques vêtements, une grande visibilité, beaucoup d'influence, la capacité de faire une différence. C'est une image parfaite, n'est-ce pas ? Eh bien, un jour, un professeur de l'école de mes enfants m'a prise à part et m'a dit : « Je sais que vous êtes extrêmement occupée, madame Shriver, mais j'ai pensé que vous aimeriez savoir que — » et elle a poursuivi en chuchotant : « — les chaussures de votre fils sont trouées. » Aïe ! Je me suis sentie humiliée tout en ayant envie de lui dire d'aller se faire voir ailleurs. En fait, j'étais au courant pour les chaussures, mais je savais également qu'elles étaient ses favorites et qu'il ne voulait pas s'en débarrasser. Mais je me suis tout de même sentie étiquetée – le voile de l'illusion de la perfection s'est déchiré.

C'était il y a plus de 10 ans. J'ai depuis trouvé du soulagement en me débarrassant de l'illusion de la perfection. Comment ai-je fait ? J'ai tout simplement regardé les choses en face et admis que ma vie n'est pas parfaite. Mon corps n'est pas digne d'une couverture de magazine. Mes photos doivent être retouchées pour que j'aie belle apparence. Il y a parfois eu des trous dans ma vie, exactement comme dans les chaussures de mon fils. C'EST LA VÉRITÉ ! J'ai appris d'étonnantes leçons dans le désordre de ma vie.

L'une de ces leçons est que je ne devrais pas gaspiller mon énergie et amoindrir ma confiance en moi en poursuivant la perfection – comme s'il s'agissait d'une sorte de lumière au bout du tunnel ou d'un chaudron rempli d'or au bout de l'arc-en-ciel, hors de ma portée. La perfection est hors de ma portée parce qu'elle n'existe pas !

Ce qui existe est votre vie, la vie que vous vivez maintenant. Et tendre vers un rêve – croire que vous ne valez rien tant que vous ne l'avez pas atteint – est la recette idéale pour connaître la frustration, la détresse et le dégoût de soi-même.

La vie parfaite n'existe pas. C'est d'une vie remplie de sens dont nous avons besoin. Une vie riche et significative ne peut exister que si nous nous pardonnons nos imperfections – et que si nous pardonnons les leurs aux autres. Une vie éloquente est remplie de victoires et d'erreurs, de hauts et de bas, du bon et du mauvais, du bien et du mal, d'obscurité et de lumière.

La vie n'est pas un coup direct dans le cercle des gagnants. Elle ressemble davantage à un labyrinthe complexe dans lequel vous errez à l'infini. Certains virages vous emmèneront dans la mauvaise direction et vous devrez revenir sur vos pas. D'autres choix vous entraîneront également dans la mauvaise direction et vous devrez tout recommencer. C'est ce qu'on appelle « apprendre » ! C'est ce qu'on appelle « acquérir de l'expérience ». C'est ce qu'on appelle « vivre ». Il en est ainsi pour chacun de nous.

> *Mon doux Seigneur*, je te prie de m'aider à ne plus tenter d'être parfaite. Aide-moi à comprendre que je suis très bien comme je suis. Je suis née sacrée, et je serai toujours sacrée. Aide-moi à me rappeler que lorsque je ne cesse de me comparer aux autres – ou à une quelconque image de la perfection –, j'en sors toujours perdante, et ce n'est pas honorer le don de la vie que tu m'as donné. Aide-moi à me rappeler que je suis l'un de tes précieux enfants, et que je n'ai pas besoin d'être quelqu'un d'autre. Amen.

•

Pourquoi l'acceptation est la voie qui mène à la paix

« Si nous ne trouvons pas la paix, c'est que nous avons oublié que nous nous appartenons les uns les autres. »

— *Sainte Thérèse de Calcutta*

J'adore cette citation de sainte Thérèse, car elle fait référence à l'un de nos besoins les plus fondamentaux, l'appartenance. Elle en dit également long sur ce dont notre monde a le plus soif en ce moment : la paix.

De nos jours, il peut sembler difficile de trouver la paix alors que nous avons l'impression que chaque minute, chaque jour, chaque année file à toute vitesse.

Moi la première, je souhaiterais ralentir ce rythme. Je veux ralentir et prendre un peu de recul afin de réfléchir calmement à la voie qui mène à la paix.

Au fil des ans, j'ai médité sur la façon dont la paix est liée à notre sentiment d'appartenance et d'acceptation. J'ai compris qu'une fois que nous arrivons à nous accepter – qu'une fois que nous arrivons à accepter à la fois la lumière et l'obscurité qui existent en nous et en tout être humain –, nous sommes sur la bonne voie pour trouver la paix avec nous et en nous.

La paix intérieure engendre la paix dans notre demeure, dans notre collectivité et dans notre pays.

Pendant mon enfance, mon père ne nous a jamais permis de nous abonner au club de loisirs qui se trouvait près de chez nous parce que l'établissement n'acceptait pas les Afro-Américains ni les Juifs. Il disait que nous ne pouvions pas fréquenter un lieu où tous n'étaient pas les bienvenus. Cela m'a marquée pour la vie.

Historiquement parlant, l'Amérique a toujours été un lieu où les gens savent pouvoir trouver appartenance et acceptation. Je suis la descendante d'une famille d'immigrants, et le père de mes enfants est un immigré de première génération.

Nous voulons tous éprouver un sentiment d'appartenance. Nous voulons tous être acceptés. Le fait de reconnaître ce désir partagé peut nous aider à voir notre humanité commune.

Sainte Thérèse a raison. Nous nous appartenons les uns les autres. Une fois que nous aurons accepté cette vérité, nous cheminerons sur la voie qui mène à la paix.

> *Mon doux Seigneur,* aide-moi à accepter les autres de la même manière que tu m'acceptes. Aide-moi à accepter les gens qui sont différents et plus particulièrement ceux qui sont souvent victimes de rejet et à qui l'on fait croire qu'ils sont inacceptables. Je veux aimer mon prochain comme tu m'as aimée. Amen.

Pourquoi il faut du courage pour faire preuve de sollicitude

« D'aucuns voient la sollicitude comme une attitude pleine de douceur, mais ce n'est pas le cas. Il faut du courage pour faire preuve de sollicitude. Il faut de la passion pour défendre quelqu'un ou quelque chose en qui ou en quoi nous croyons, et qui nous tient à cœur. »

— *Maria*

Cette citation est de… moi! Dernièrement, j'ai beaucoup réfléchi à la sollicitude – au mot, au concept, au geste.

Je pense aux millions de femmes et d'hommes qui consacrent leur vie à prendre soin d'autrui – qu'il s'agisse de leur profession, de leurs responsabilités familiales, ou tout simplement parce que c'est qui ils sont et ce qu'ils font.

Je pense à la sollicitude sur le plan personnel. Lorsque j'ai dû subir une intervention chirurgicale, je suis devenue dépendante du soin des autres. D'abord et avant tout, mes enfants, Katherine, Christina, Patrick et Christopher, ont pris soin de moi. Ensuite, il y a eu des médecins et des infirmières que je ne connaissais même pas, mais qui ont multiplié les efforts pour prendre soin de moi et faire preuve de sollicitude *envers* moi.

Cet épisode de ma vie m'a amenée à réfléchir à ce que signifie pour moi la sollicitude d'un point de vue pratique. Comment est-ce que je définis la sollicitude ? Envers quoi est-ce que j'éprouve de la sollicitude, personnellement, professionnellement et politiquement ? Comment est-ce que je manifeste la sollicitude que j'éprouve ? Comment savoir si quelqu'un se soucie de moi ou prendra soin de moi ? Votre patron peut-il vraiment vous amener à croire qu'il se soucie de vous ? Un dirigeant politique le peut-il ? Devrait-il même avoir l'*obligation* de se soucier de vous ?

Je crois que oui. Je crois que la sollicitude est l'un des principes les plus importants à la base d'une famille saine, d'une collectivité et d'une nation saines.

Je crois que le moment est propice à la réflexion. Il est temps que nous réfléchissions à ce que la sollicitude signifie pour nous. D'aucuns voient la sollicitude comme une attitude pleine de douceur, mais c'est tout sauf cela. La sollicitude est un concept fort et puissant. Il faut du courage pour faire preuve de sollicitude. Il faut de la passion pour défendre quelqu'un ou quelque chose en qui ou en quoi nous croyons et qui nous tient à cœur.

Nous devons tous concilier notre conception de la sollicitude avec les jugements à l'emporte-pièce d'autrui qui empêchent l'individu au cœur tendre de se manifester.

Je me consacre à créer un monde plus conscient, plus compatissant et plus connecté, et je tente de le faire sans trop me soucier de ce que les autres pensent de moi et de mon mode de vie.

Si nous voulons trouver notre passion et notre raison d'être, nous devons faire preuve d'une grande sollicitude envers quelque chose ou quelqu'un, tout en ne se souciant pas de ce que les gens disent de nos actions. N'oubliez pas que les gens qui vous jugent ne vous connaissent pas, ni ne se préoccupent de qui vous êtes vraiment.

Donc, ayez de la sollicitude pour vous-même. Prenez soin de votre prochain. Mais ne vous souciez pas outre mesure de ce que les autres disent ou pensent. Comprenez bien ceci et vous pourrez changer le monde.

Ma mère avait l'habitude de me dire: « Si tu as une bonne santé, tu as tout. » J'ajouterais que si vous avez dans votre entourage quelqu'un qui se soucie vraiment de vous et qui prend soin de vous, alors vous avez quelque chose que l'argent ne peut pas acheter. Et si vous vous occupez vous aussi de quelqu'un – véritablement, honnêtement, de façon altruiste –, alors le monde entier vous appartient.

Mon doux Seigneur, merci d'éprouver de la sollicitude pour moi et de prendre soin de moi. Et merci de me permettre de me sentir bien entourée. On nous dit: « Heureux les artisans de la paix » mais fais en sorte que je n'oublie pas de dire: « Heureux ceux qui font preuve de sollicitude ». Rappelle-moi de ne pas négliger ce geste simple, mais si puissant. Fais en sorte que je sois consciente de la sollicitude qui m'est offerte, et que j'en offre à mon tour. Amen.

Une prophétie divine

« Le temps est notre ressource la plus précieuse, mais nous sommes peu nombreux à l'utiliser avec sagesse. Nous nous démenons tellement que nous oublions parfois de vivre. »

— *Maria*

On pouvait lire dans la ligne objet du courriel : « Une prophétie divine ».

Ce message m'avait été envoyé par mon frère Bobby qui se trouvait au Maroc pour une réunion du conseil d'administration des organismes ONE et (RED) qu'il avait cofondés avec Bono – des organismes qui sauvaient des vies partout dans le monde. Sauver des vies a été pour mon frère l'œuvre de sa vie. En fait, cela a été l'œuvre de la vie de tous mes frères – Timothy à titre de président du Conseil des Jeux olympiques spéciaux, Mark à titre de président de Save the Children Action Network, et Anthony à titre de fondateur et président du Conseil de Best Buddies. Mais je vous parle ici de Bobby.

Bobby a consacré sa vie à travailler pour le bien-être d'autrui. C'est pourquoi quelques mots échangés avec un portier au Maroc le laissèrent pantois.

Le portier, qui tentait de héler un taxi pour mon frère agité et impatient, s'est tourné vers lui et a dit: « Nous avons du temps ici. Ce n'est pas comme vous en Amérique. En Amérique, vous n'avez pas de temps, et donc vous ne vivez pas. »

Mon frère s'est figé en entendant ces propos (un énorme exploit, soit dit en passant), et c'est ce dont il me parlait dans son courriel. « Tu es tellement occupée que tu ne prends pas le temps de vivre. Approprie-toi ton temps » m'écrivait-il de l'autre bout du monde.

C'est maintenant à mon tour de partager ces mots avec vous, car je crois qu'ils sont profondément vrais. Le temps est notre ressource la plus précieuse, mais nous sommes peu nombreux à l'utiliser avec sagesse. Nous traversons la vie à toute vitesse en ne quittant pas notre téléphone des yeux, nous astreignant à un emploi du temps trop chargé. Nous nous démenons pour arriver là où nous croyons que se trouve le bonheur. Nous nous démenons tellement que, dans ce tourbillon, nous oublions parfois de vivre.

Prenez-vous le temps de vivre? Prenez-vous du temps pour vous? Pour vos amis? Pour votre famille? Ou êtes-vous trop occupé?

Plusieurs mois avant que je reçoive ce courriel, mon frère Timothy m'avait demandé de passer un peu de temps avec lui. « Accorde-moi un week-end » avait-il dit. « Je veux être avec toi. » J'ai répondu : « Oui, faisons ça » et nous l'avons fait. (Je vous en parlerai plus en détail un peu plus loin dans ce livre.)

J'espère que vous prendrez le temps de vous demander si vous êtes tellement occupé avec tout ce qui se passe dans votre vie que vous en oubliez les êtres qui vous sont chers – que vous vous oubliez peut-être vous-même.

Ceci me ramène à mon frère Bobby. Récemment, il a quitté Los Angeles où il avait vécu pendant plus de 20 ans. Il a plié bagage et il est allé s'établir dans un autre État avec sa famille.

Au début, j'étais en colère, car j'avais le sentiment qu'il me laissait derrière lui. Je sais que cela semble égoïste, mais c'est ainsi que je voyais les choses. Et puis, j'ai réalisé que c'est de temps dont Bobby avait besoin. De temps loin de Los Angeles, de temps pour sa famille et lui-même, de temps pour respirer, de temps pour faire le point. De temps, peut-être, pour goûter à la vie qu'il avait mise de côté pendant si longtemps alors qu'il travaillait pour le bien-être d'autrui. Je prie pour qu'il trouve dans sa nouvelle demeure le temps de vivre la vie qu'il cherche.

Tout ceci m'amène à mon poème favori, écrit par mon amie Mary Oliver. Il s'intitule « Le voyage ». Dans ce poème, elle nous rappelle qu'il n'y a qu'une seule vie que nous puissions sauver, et que c'est la nôtre. Donc, c'est là que vous devez commencer. Si vous avez ensuite du temps à consacrer à autre chose, allez-y. Mais faites bon usage de votre temps. Vous ne passerez qu'un certain temps sur terre. Faites en sorte que votre passage soit rempli de sens.

Comme l'a enseigné le portier marocain à Bobby: prenez le temps de vivre.

Mon doux Seigneur, lorsque j'ai lu ce poème de Mary Oliver, j'ai eu le sentiment qu'il s'agissait d'une prophétie divine de ta part. Merci.

LE VOYAGE

Un jour tu as finalement su
Ce que tu avais à faire et à commencer,
Bien que les voix autour de toi
Te hurlaient encore
Leurs mauvais conseils,
Même si toute la maison
Avait commencé à trembler
Et que tu avais encore
Le boulet à tes chevilles.
« Répare ma Vie! »
Pleurait chaque voix.
Mais tu ne t'es pas arrêtée.
Tu savais ce que tu avais à faire,
Même si le vent attaquait
De ses doigts obstinés
Les fondations les plus intimes,

Même si leur mélancolie
Était atroce.
C'était déjà assez tard,
Et une nuit violente,
Et la route pleine de branches tombées
Et de pierres.
Mais petit à petit,
Comme tu laissais les voix derrière,
Des étoiles ont commencé à briller
À travers le manteau de nuages,
Et il y a eu une voix nouvelle
Que tu as lentement
Reconnue comme étant la tienne,
Qui t'a tenu compagnie
Tandis que tu arpentais à grands pas
Le monde de plus en plus loin,
Déterminée à faire
La seule chose que tu pouvais faire –
Déterminée à sauver la seule vie que tu pouvais sauver.

— *Mary Oliver, poème tiré du recueil intitulé* Dream Work

J'ai appris à être digne de recevoir

« Soyez reconnaissant de ce que vous avez et vous allez finir par en avoir davantage. Si vous vous concentrez sur ce que vous n'avez pas, vous n'aurez jamais assez. »

— *Oprah Winfrey*

Pendant mon enfance, mes parents ne m'ont jamais parlé de ce que j'étais « digne de recevoir ». Ils parlaient beaucoup de ce qu'ils « attendaient » de moi. Ils étaient très clairs à ce sujet.

Ils voulaient que je sois sérieuse, travaillante, instruite et intelligente. Ils voulaient que j'aide les autres, plus particulièrement ceux qui vivent en marge de la société. Ils m'ont envoyée travailler dans des régions pauvres du monde afin que je constate à quel point j'avais de la chance et aucune raison de me plaindre. Ils voulaient que j'aille à l'église chaque semaine, que je sois honnête, que j'aide mes frères, mes cousins et cousines, ma collectivité. Ils voulaient que je garde la tête haute et que j'aille de l'avant, peu importe les circonstances.

Ils voulaient que je me lève lorsqu'ils entraient dans la pièce, et j'ai conservé cette habitude même après leur décès. La liste de leurs attentes était très longue. Et avec les années, leurs attentes sont lentement devenues les miennes.

Mais au fil du temps, un autre concept s'est glissé dans ma vie. Lentement au début, timidement même, car il m'apparaissait étranger, voire embarrassant.

Je parle du *mérite*. Croire que je « méritais » quelque chose alors que d'autres ont si peu me semblait arrogant et égoïste – comme dans, *Mais pour qui te prends-tu ?* Mes parents m'avaient appris à me poser cette question.

Toutefois, j'ai fini par comprendre qu'il y a du pouvoir dans le concept du *mérite*.

Ce que nous sommes dignes de recevoir n'a pas nécessairement quelque chose à voir avec les biens matériels. Cela peut se rapporter à la perception que nous avons de nous-mêmes et de la façon dont nous voulons être traités – par nous-mêmes et par les autres.

Par exemple, si vous êtes quelqu'un qui travaille dur, vous méritez d'être apprécié et respecté par vos collègues. Ce n'est pas trop demander. Et si vous travaillez beaucoup, vous méritez de vous reposer. Mes parents n'aimeraient pas m'entendre dire cela, mais c'est vrai. Reposer son corps et son esprit n'est pas un signe de paresse, mais d'intelligence. Vous et votre corps méritez ce repos de manière à être en santé, physique et émotionnelle – et ensuite à pouvoir travailler encore plus ! (C'est cette partie de l'énoncé qui plairait à mes parents !)

Vous méritez d'être traité gentiment par vos amis, les membres de votre famille et tous ceux qui jouent un rôle important dans votre vie. Comme je ne cesse de le répéter à mes enfants : « Vous devez vous respecter les uns les autres. » Et comme je le dis à leurs amis : « Je mérite moi aussi d'être respectée. Alors, levez-vous lorsque j'entre dans la pièce, regardez-moi dans les yeux lorsque vous me parlez et n'osez même pas texter à table ! » J'ai réalisé que si l'on ne se traite pas soi-même comme si l'on était digne de ce respect, il est difficile pour les autres de voir que ces gestes sont importants.

Donc, qu'êtes-vous digne de recevoir ? C'est à vous de décider. Pour ma part, je ne peux répondre que par ce que j'ai fini par croire mériter.

Je mérite d'être heureuse. Cela est bien sûr en grande partie de mon ressort, mais le seul fait de savoir que je le mérite m'a aidée à être plus heureuse. Et être traitée gentiment et avec respect commence par la façon dont je me traite moi-même.

Je mérite de me reposer et de faire des pauses. C'est pour cette raison que je vais passer quelques jours à Cape Cod de temps en temps. Je n'en suis pas encore au point où je pourrais dire que je suis digne de très longues vacances, mais j'y travaille.

Je n'ai plus honte de dire que je mérite également ceci : je mérite que l'on respecte mes frontières ; je mérite de vivre dans un lieu sécuritaire ; je mérite d'aimer et d'être aimée ; je mérite d'avoir le droit de rêver encore. Oui, je le mérite. Les rêves ne sont pas réservés aux jeunes dans la vingtaine. N'importe qui peut rêver, à n'importe quel âge. Je mérite d'avoir du chagrin de la façon qui me fait du bien. Si cela dure plus longtemps que les autres ne le voudraient, tant pis. Je mérite d'être entourée de gens qui me disent la vérité, qui m'encouragent et souhaitent ce qu'il y a de mieux pour moi. Je mérite de prendre du temps pour moi. Si j'ai envie de lire, de faire une sieste, d'aller dîner avec des amis, c'est très bien.

Je mérite de rire autant que je le veux.

Je mérite de ne pas savoir quelque chose. Il n'y a là rien de mal. Tant que je n'ai pas de certitude, je mérite de ne pas savoir exactement ce que m'inspire quelque chose ou quelqu'un. C'est très bien comme ça. Je mérite d'exprimer mes opinions, et je ne mérite pas (ni personne, d'ailleurs) d'être attaquée à cause de ce que j'ai dit, de ce que je suis, de ce que je crois. Je mérite d'avoir le droit de changer mes croyances si elles me font du mal ou m'empêchent d'évoluer, ou lorsque j'en découvre de meilleures.

Cette liste n'est pas exhaustive ; elle peut encore s'allonger et changer. De fait, je m'attends à ce que ce soit le cas. Je l'espère. Je le mérite.

J'écris tout ceci dans l'espoir que vous réfléchissiez à ce que vous méritez. J'espère que vous ferez une place dans votre vie et votre esprit pour tenir cette conversation avec vous-même à un plus jeune âge que je ne l'ai fait. Il n'y a là rien d'égoïste ni d'arrogant. C'est une façon d'être gentil et aimable avec vous-même.

Ce qu'on appelle la vie est un voyage magique. Elle échappe parfois à toute logique. Elle est remplie d'incertitude, de joie, de luttes, de surprises, de déceptions et de récompenses. Elle n'est pas toujours juste et bien ordonnée. Vous méritez de la façonner à votre goût, et puis d'y apporter des changements au besoin.

Ce sont maintenant les attentes que j'ai. J'ai découvert ce que je suis digne de recevoir.

Et maintenant, passez une excellente journée. Vous le méritez!

> *Mon doux Seigneur,* tu m'as tant choyée. Aide-moi à réaliser que je mérite ce que tu m'as offert. Aide-moi à réaliser que tu m'aimes profondément et que je mérite cet amour. Amen.

Invitez la joie dans votre demeure

« Trouvez un endroit à l'intérieur où il y a de la joie, et la joie consumera la douleur. »

— *Joseph Campbell*

Dieu merci, il y a beaucoup de rires dans ma demeure, parce que j'adore rire.

Mes enfants sont drôles et ils m'apportent une joie immense, tout comme leurs amis.

Oui, j'aime vraiment les amis de mes enfants. De fait, il y a chez moi un mur où j'ai accroché des portraits de tous ceux qui considèrent ces lieux comme leur seconde maison. Le mur en est couvert, et si l'un d'eux dépasse les bornes, je le menace de retirer son portrait. Croyez-moi, c'est beaucoup plus efficace qu'une « interdiction de séjour ».

Mes parents ont toujours eu des amis plus jeunes qu'eux, et les amis de mes frères et les miens sont devenus leurs amis. Cette fusion des générations apportait de la joie à mes parents et les gardait actifs et socialement engagés.

Mes enfants ayant grandi et vivant maintenant leur propre vie – emmenant leurs amis –, j'ai dû trouver d'autres moyens d'apporter de la joie dans ma vie. C'est une chose à laquelle je dois m'atteler tous les jours.

J'ai la chance d'avoir des amis personnels qui me font rire et qui m'ont aidée à comprendre qu'entretenir un sentiment de joie est essentiel lorsqu'on vieillit et que certaines choses « moins drôles » commencent à se produire.

Et j'ai également appris que je dois cesser de faire ce qui m'empêche d'être heureuse. Je dois continuer à faire taire cette voix intérieure porteuse de honte et de jugements critiques envers moi-même, cesser de fuir le moment présent en ne songeant qu'à l'avenir, cesser de m'anesthésier avec des biscuits et des glaces.

Le bénévolat m'aide beaucoup. Mon implication dans la sensibilisation à la maladie d'Alzheimer m'apporte de la joie. Je trouve de la joie en assistant à un service religieux avec mon fils. Et le bénévolat au sein de mon église est également une source de joie.

Le fait de m'efforcer ainsi à trouver la joie – comme le dit Joseph Campbell dans cette citation – m'aide à me défaire d'un vieux sentiment de honte et de la douleur que j'éprouve encore.

Invitez la joie dans votre demeure. Allumez la joie en vous et, avant même que vous vous en rendiez compte, les gens graviteront autour de vous afin de goûter à cette joie.

Mon doux Seigneur, aide-moi à ressentir la joie qui se trouve dans mon cœur. Aide-moi à m'imprégner de la joie qui m'entoure. Aide-moi à être une messagère de joie dans ma famille. Aide-moi à devenir un modèle de joie dans la vie des autres. Amen.

Lorsque la vie vous réserve un coup dur, faites ceci

« Je suis prête à sortir du bois pour faire la lumière sur ce qui arrive déjà autour des tables de cuisine. »

— *Hillary Clinton*

Ces mots m'ont fait réfléchir à un éloignement temporaire de la frénésie de la vie moderne et à une retraite « dans le bois » – littéralement ou métaphoriquement – après une perte, qu'il s'agisse de la perte d'une élection présidentielle, d'un emploi, d'un conjoint, ou encore dans le cas de tout autre événement bouleversant.

Pourquoi sommes-nous si nombreux à nous sentir mal à l'aise lorsque nous voyons quelqu'un sortir de la routine de la vie quotidienne ? Est-ce parce que nous serions troublés ou trop effrayés de faire nous-mêmes un temps d'arrêt ? Est-ce parce que nous sommes incapables de faire face à une perte ? Est-ce parce que nous ne savons pas comment gérer le chagrin ?

La vie nous réserve toutes sortes de coups durs et il nous faut parfois du temps pour réfléchir à la façon de rebondir et d'aller de l'avant. De fait, certaines des conversations les plus intéressantes que j'aie jamais eues autour de ma table de cuisine ont eu lieu avec des gens qui, pour une raison ou une autre, avaient dévié d'une trajectoire prévisible pour faire un examen de conscience avant de retourner dans le vaste monde. Certains ont été obligés de changer de direction. D'autres ont eu le sentiment que leur vie ne se déroulait pas comme elle le devrait et ont délibérément bifurqué. Ils ont quitté le sentier et sont entrés dans le bois.

Et le fait est que pratiquement tous ceux à qui j'ai parlé après qu'ils sont « sortis du bois » étaient intérieurement plus forts et extérieurement plus ouverts.

Cela m'a fait penser à une conversation profonde que j'ai eue avec mon père alors que, atteint de la maladie d'Alzheimer, il était perdu dans le bois. Il ne connaissait ni mon nom ni le sien. Il ne parlait plus beaucoup. J'étais assise avec lui à la table, tentant de l'amener à parler d'un sujet qui était manifestement dépourvu d'intérêt pour lui, lorsqu'il m'a regardée droit dans les yeux et a dit : « Tu sais, il faut plonger dans l'intimité de son être pour connaître l'éternité. »

Gardant le silence, nous nous sommes dévisagés, et j'ai alors su que je venais de recevoir un sage conseil. En fait, mon père a tenu des propos des plus remarquables alors qu'il vivait avec l'Alzheimer.

« Plonger dans l'intimité de notre être » – faire une pause, réfléchir, méditer – nous permet de trouver la paix de l'esprit. Cela fait de nous de meilleures personnes, de meilleurs professionnels et de meilleurs dirigeants. C'est excellent pour le cerveau et pour le corps. Cela rehausse le respect de soi. Cela stimule l'esprit créatif qui vit en chacun de nous.

J'ai été témoin de la période difficile que mon père a traversée après une défaite électorale, tout comme d'autres membres de ma famille. Il faut beaucoup de temps pour trouver un sens à une telle perte personnelle. Mais l'histoire est riche en récits de gens – Henry David Thoreau, Nelson Mandela, Mohandas Gandhi, Dorothy Day, le pape François – qui, après une période d'isolement, sont revenus avec une histoire à partager.

Donc, après que la vie vous a brusquement bousculé, enfoncez-vous dans le bois. Et puis, revenez parmi nous et partagez votre histoire.

Mon doux Seigneur, lorsque je ne suis pas certaine de la voie à suivre ou que j'ignore comment gérer une situation ou me comporter avec quelqu'un, aide-moi à trouver des conseils judicieux. Aide-moi à entendre tes paroles empreintes de sagesse et guide-moi vers ceux à travers qui tu parles et qui pourront discerner avec justesse la voie qui me convient. Amen.

Il n'y a rien de mal à avoir du chagrin – en fait, c'est crucial

« Le chagrin peut revenir comme une vague déferlante, même si on donne l'impression d'aller très bien. »

— *Kelly Buckley*

Le changement est dans l'air. Mes enfants ont quitté la maison et volent de leurs propres ailes. Partout où je regarde, je vois et sens le changement. Et le changement occasionne souvent le chagrin.

Le *chagrin*. Ce petit mot de sept lettres.

On peut pleurer la mort d'un être cher. Une amitié brisée peut être une cause de chagrin. Un emploi perdu, une relation rompue, un enfant qui quitte la maison – ce sont là des pertes, des changements qui peuvent déclencher une vague déferlante de chagrin. Comment y faire face? Il n'y a pas de mode d'emploi et il est important de savoir que votre façon de le vivre est très bien.

Pourquoi? Parce que le chagrin est quelque chose que nous vivons tous, mais dont nous ne discutons jamais. Il s'abat sur nous à différents moments de notre vie et de diverses manières. Des millions d'individus ont du chagrin chaque jour – et souvent sans recevoir de réconfort, d'empathie ou de soutien.

Je connais le chagrin sous ses diverses formes. Je ne parle pas seulement du chagrin provoqué par le décès d'un membre de la famille ou d'un ami, mais également du sentiment de perte qui découle des changements inévitables auxquels nous sommes tous confrontés dans la vie. Dans ma lutte pour faire le tri dans le déferlement d'émotions qui accompagnent le chagrin, j'ai trouvé à ce sujet un immense réconfort dans les réflexions d'Elisabeth Kübler-Ross et je lui en serai éternellement reconnaissante.

J'ai grandi dans une famille qui a été marquée par un grand nombre de tragédies et de pertes, mais nous n'en discutions jamais. Tous baissaient la tête et traversaient la tempête. Donc, enfant, et ensuite plus tard, j'ai vécu ces terribles expériences sans grand soutien, tentant de trouver un sens à ces pertes sans rien pour me guider ni m'aider à comprendre. Des décennies plus tard, j'ai constaté que je n'y étais toujours pas arrivée et je me suis dit qu'il devait bien y avoir un moyen.

Ensuite, lorsque ma grand-mère est décédée, mes enfants ont posé une foule de questions. J'ai alors compris que j'avais une compréhension du chagrin tout aussi enfantine qu'eux. J'ai donc ressenti le besoin de trouver des réponses à toutes les questions que soulevait la perte sous toutes ses formes, incluant celle d'un animal de compagnie. C'est ce qui m'a amenée à écrire *What's Heaven?* C'est un livre pour enfants traitant du chagrin. Les gens croyaient que ce livre ne se vendrait pas, mais il a connu un immense succès – prouvant à quel point notre culture a soif d'un réel débat sur la perte et la façon dont on peut y faire face.

Et puis, des années plus tard, ma mère est décédée. J'avais toujours été terrifiée à l'idée que s'il lui arrivait quelque chose, je n'arriverais jamais à survivre. À son décès, j'ai été plongée dans le plus profond des chagrins. Mais contrairement à ce que les membres de ma famille avaient toujours fait quand j'étais petite – tête baissée, ils traversaient la tempête –, j'ai été terrassée par cette perte énorme et je me suis effondrée. Et puis, deux semaines plus tard, mon oncle est décédé – et un an et demi plus tard, c'est mon père qui a rendu l'âme, et ensuite la fin de mon mariage est survenue. Donc, pendant plusieurs années, le chagrin a dominé ma vie et cela a été une expérience incroyablement solitaire. Mon monde s'est arrêté alors que tout le reste continuait à tourbillonner autour de moi. Je me sentais isolée, perdue dans ma peine.

J'ai trouvé du réconfort auprès de gens qui avaient eux aussi perdu un ou plusieurs êtres chers. Chaque fois que je prenais connaissance de l'histoire d'une personne qui vivait le même désarroi que moi, je me sentais moins seule. Chaque fois que j'écrivais à ce sujet, je sentais que je faisais un pas en avant. Chaque fois que je parlais de ce que je ressentais, je me sentais moins isolée. Et chaque fois que je lisais des récits à propos de la façon dont des gens avaient surmonté pareille épreuve, je croyais de plus en plus que, moi aussi, j'y arriverais un jour.

Toutefois, je sais que certaines personnes ne se remettent jamais de la perte d'un être cher. Elles ne font qu'y survivre. Encore aujourd'hui, il m'arrive encore de verser soudain quelques larmes en pensant à une perte ancienne. Mais je sais maintenant ce qu'il en est et que je peux passer au travers. Et je le fais.

Être capable de supporter le chagrin m'a rendue brave. En acceptant de le ressentir pleinement, je suis devenue plus forte. Mais avant d'en arriver là, j'ai eu besoin de comprendre qu'il n'y a rien de mal à avoir du chagrin et que, en fait, c'est crucial.

Le chagrin est réel. Il fait inévitablement partie de la condition humaine, et il n'est pas nécessaire de l'occulter pour y survivre.

> *Mon doux Seigneur,* je sais que tu m'aideras à traverser les imprévisibles tempêtes. Je m'en remets à toi et je n'oublie pas que tu m'as promis d'être à mes côtés, peu importe ce qui arrive. Je sais que le courage ne vient pas uniquement de la confiance en mes propres forces,

mais de la confiance que j'ai en toi. Merci de m'avoir donné le courage d'affronter tout ce qui m'attend. Amen.

Quand est-il temps d'aller de l'avant ?

« Appliquez-vous, achevez votre tâche, et poursuivez votre route. »

— *Eunice Kennedy Shriver*

Alors que se déroulaient les funérailles des hommes et des femmes décédés sous les balles d'un homophobe dans une boîte de nuit d'Orlando et que je prenais connaissance de ce que disaient les membres de la famille des victimes à propos de leurs chers disparus, j'ai pensé au chagrin qu'ils éprouvaient, à leur perte, à leur traumatisme. Je me suis également demandé comment ils arriveraient à aller de l'avant.

Lorsqu'on est submergé par le chagrin, il est pratiquement impossible de penser à « se remettre en route ». De fait, cela peut sembler irrévérencieux d'y songer. Les gens, même bien intentionnés, diront à la personne endeuillée: « Vous devriez vraiment aller de l'avant. C'est la seule façon de guérir. C'est la seule façon de continuer à vivre. » Ils pensent lui rendre service en l'encourageant à surmonter rapidement son chagrin.

« Aller de l'avant. »

C'est une autre de ces expressions galvaudées, un conseil qu'il est plus facile à donner qu'à suivre. Lorsqu'on perd un être cher, lorsqu'un enfant quitte la maison, on nous conseille toujours d'« aller de l'avant ».

Ma mère avait l'habitude de dire: « Avance, avance, dépêche-toi et avance. » Je crois que c'était sa façon de ne rien ressasser, de ne pas rester coincée. Je crois que c'était sa façon d'avoir une longueur d'avance sur toutes ces émotions sur lesquelles elle tentait d'exercer un contrôle sans rien laisser paraître – et plus particulièrement le chagrin. Je le comprends maintenant.

Personnellement, je n'aime pas qu'on me dise d'aller de l'avant. (Ou, soit dit en passant, qu'on me dise de relaxer, de ne pas manger ceci ou cela, de cesser de m'inquiéter.) Lorsque quelqu'un me dit d'aller de l'avant, un grand cri s'élève en moi: *Allô! Je le ferais si je le pouvais, mais j'en suis incapable, alors cesse de me dire ça!*

Respire, Maria, respire.

La vérité, c'est qu'aller de l'avant exige du temps, et que les gens avancent à leur propre rythme. Pousser quelqu'un à se hâter n'est pas sain, pas juste et pas gentil. Très souvent, ce n'est même pas possible. Donc, n'intervenez pas!

Vous pouvez me croire : si vous n'avez pas surmonté un chagrin attribuable à la perte d'un être cher, c'est très bien comme ça. Soyez indulgent avec vous-même. Si vous n'avez pas surmonté la perte d'un emploi que vous adoriez, c'est également très bien comme ça. Si vous n'êtes pas encore allé de l'avant après une querelle qui vous a opposé à votre meilleur ami, prenez votre temps. C'est très bien comme ça. Parce que, parfois, aller de l'avant est vraiment la *mauvaise* chose à faire. Si vous vous convainquez d'aller de l'avant avant d'être prêt à le faire, vous ferez taire vos émotions et entrerez dans le déni.

Voici ce que j'ai appris : si vous ne vous y forcez pas, vous *irez* éventuellement de l'avant. Vous *trouverez* la voie à suivre. Un jour, sans que vous ayez remarqué le changement, vous vous sentirez un peu plus léger, vos pensées seront un peu plus optimistes. Vous verrez la vie et ses innombrables possibilités sous un jour nouveau, plus clair. Tout vous paraîtra plus simple. La lumière se fera et vous vous éveillerez. Sans même vous en rendre compte, vous serez allé de l'avant d'une manière qui vous convient parfaitement – et exactement au bon moment.

> *Mon doux Seigneur,* lorsque je regarde en avant, l'avenir me fait peur et je me sens très vulnérable et anxieuse. Lorsque j'ignore ce qui arrivera, rappelle-moi que tu as tout planifié pour moi et que tu guides mes pas. C'est en toute confiance que je te laisse me guider vers un lendemain radieux. Amen.

Les gardiens de la foi

> « Parfois, la vie vous frappe à la tête avec une brique. Ne perdez pas la foi. »
>
> — *Steve Jobs*

Les anniversaires sont tout indiqués pour réfléchir aux bienfaits dont nous sommes comblés. À chacun de mes anniversaires, je reconnais qu'une nouvelle année de vie m'est offerte. Je reconnais que j'ai le privilège d'avoir une famille et des amis qui m'aiment.

L'une de mes amies qualifie mes autres amies de « gardiennes de la foi ». C'est une merveilleuse façon de les décrire, et c'est tellement vrai. Mes amies veillent sur la foi lorsque je n'arrive pas à la trouver en moi. Et je leur rends la pareille. Et c'est ce dont tout le monde a besoin.

Que vous commenciez une nouvelle année de vie ou que vous vous apprêtiez à relever un nouveau défi, ayez des gardiens de la foi, car il est difficile d'aller de l'avant sans foi.

Je vais de l'avant en ayant foi en moi, foi au pouvoir du bien, et foi en mon statut d'enfant de Dieu, car, autrement, je n'aurais pas dans ma vie ce groupe de gardiennes de la foi aimantes, compatissantes, drôles, honnêtes, fortes et un peu folles.

Bénis soient les gardiens de la foi dans notre vie et notre monde.

Entourez-vous de gardiens de la foi. Dites-leur qui ils sont et sachez reconnaître ce qu'ils font pour vous.

Je souhaite qu'un jour vous ayez la chance de vous asseoir autour d'une table avec vos gardiens de la foi afin de rire, de bavarder et de partager. C'est la connexion dont nous avons tous besoin. C'est le signe d'une vie remplie de sens.

Mon doux Seigneur, merci d'avoir placé dans ma vie ces merveilleuses femmes qui sont mes gardiennes de la foi. Je sais que tu me parles par leur intermédiaire, qu'à travers elles tu me livres un enseignement, qu'à travers elles tu ris avec moi. Amen.

Qu'est-ce que l'amour ?

« La chose la plus importante que je connaisse à propos de la vie, c'est l'amour. Rien ne surpasse les avantages reçus par un être humain qui fait de la compassion et de l'amour le but de sa vie. Car ce n'est que par compassion et amour que l'on peut réussir pleinement ce voyage qu'est la vie. Rien n'égale l'amour. »

— *Sargent Shriver*

J'ai réfléchi à l'amour. À l'amour qui inspire les grandes chansons, les nouvelles, la poésie et les films. Aimer et être aimé est le plus grand don de la vie.

L'une de mes amies a écrit quelque chose qui m'a frappée. Elle disait que, comme beaucoup de femmes, elle passait beaucoup de temps à chercher cet amour qui est décrit dans les films ou les contes de fées. Elle disait qu'elle consacrait tellement d'énergie à cette quête qu'elle passait souvent à côté de l'amour qu'il y a autour d'elle chaque jour de sa vie.

Elle ne l'a réalisé que lorsqu'elle a été atteinte d'un cancer et qu'elle a finalement accepté de voir tout cet amour. Elle regrette de ne pas en avoir joui plus tôt parce qu'elle était trop occupée à le chercher. Elle dit être reconnaissante envers le cancer qui lui a ouvert les yeux.

Chaque jour, nous sommes entourés d'amour, mais nous sommes nombreux à ne pas le voir parce que toute notre attention est dirigée ailleurs.

J'ai remarqué que la Saint-Valentin est une journée pendant laquelle les gens seuls sont déprimés. Et ceux qui sont en couple se sentent souvent oppressés parce qu'ils doivent trouver une manière intelligente, astucieuse ou coûteuse de « montrer » à quel point ils aiment leur partenaire en ce 14 février.

Mais les chocolats, les roses, les bijoux et les dîners dans un resto chic ont-ils vraiment quelque chose à voir avec l'amour ? Vraiment ?

Cela peut certainement faire partie de l'équation, mais, à mon avis, le genre d'amour dont tout le monde a besoin est l'amour qui se trouve déjà autour de nous. C'est d'un amour fait de patience, de gentillesse, de soutien, de douceur et d'acceptation. C'est d'un amour fait du souci de l'autre, de l'écoute et de la présence de l'autre. C'est d'un amour fait de pardon et de compréhension. C'est lorsque quelqu'un vous apporte une tasse de café ou commande pour vous un thé glacé avant votre arrivée uniquement parce qu'il sait que vous aimez ça. C'est une amie qui vous envoie un article ou un poème qu'elle aime. Ou quelqu'un qui vous appelle pour savoir comment vous allez.

Je ne dis pas que je n'aime pas les fleurs ou les grands dîners, car je les aime. Mais comme mon amie, j'ai souvent omis de reconnaître et d'apprécier l'amour qui se trouvait tout autour de moi.

Oui, ce dont le monde a besoin maintenant, c'est de plus d'amour. Mais ce dont chacun de nous a également besoin, c'est de voir et d'être reconnaissant de l'amour authentique qui fait déjà partie de notre vie, chaque jour. Nous devons le voir, le sentir et le reconnaître pour ce qu'il est: le véritable amour dans la vraie vie.

> *Mon doux Seigneur,* je suis incapable de guérir mon corps ou les plaies d'un cœur meurtri, mais tu le peux. Lorsque je suis accablée par la déception ou que mes espoirs s'envolent, tu me consoles. Alors que tu fais se produire ce miracle dans mon cœur, je fais appel à ton amour infini et te demande de me donner le courage d'aimer encore. Amen.

Aimer être mère

« Tentez d'insuffler l'amour de la famille dans le cœur de vos enfants. Faites en sorte qu'ils aient envie d'être ensemble. Tant de péchés pourraient être évités si notre peuple aimait sa famille. »

— *Sainte Thérèse de Calcutta*

J'aime la fête des Mères parce que j'aime être mère. J'aime vraiment, *vraiment* ça. De tout mon cœur.

J'aime tellement mes enfants que, parfois, cela me dépasse. J'aime être en leur compagnie, rire avec eux, voyager avec eux, jouer avec eux. J'aime que leurs amis soient présents et j'aime observer leur vie à tous se dérouler devant mes yeux.

Oui, j'aime être mère. C'est étrange, car comme je l'ai dit plus tôt, la maternité me faisait peur. J'avais peur de ne pas être à la hauteur, j'étais terrifiée à l'idée de faire des erreurs.

Je sais que mes enfants diraient que j'ai effectivement fait des erreurs. Mes filles disent que je montrais une préférence pour les garçons, et les garçons disent que je gâtais trop les filles. Ils feraient également d'autres commentaires que je ne tiens pas à voir imprimés dans ces pages. Mais je suis certaine d'une chose : je sais qu'ils savent que je les aime. Ils savent qu'ils représentent mon univers.

À chaque fête des Mères, je ne souhaite que passer la journée avec eux, à rire avec eux. Je ne veux rien d'autre.

Je pense également à ma propre mère. Depuis son décès, elle me manque chaque jour. Souvent, une pensée me traverse l'esprit et je m'apprête à l'appeler, et puis je me dis : *Ah oui, c'est vrai, elle n'est plus avec nous.* Il m'arrive quelque chose d'amusant ou j'hésite sur une décision à prendre, et je pense : *Je vais demander son avis à maman*, et puis je me rappelle qu'elle est partie.

Mais elle vit en moi. Ses leçons, ses conseils, ses idées sont en moi, et je les transmets à mes enfants. Par exemple : nourrissez les liens qui vous unissent ; parlez-vous au moins une fois par semaine, la vie est un marathon, pas un sprint ; regardez en avant ; rendez service autour de vous ; on attend beaucoup de ceux qui ont beaucoup reçu.

La maternité est l'emploi le plus important qui existe. Nos paroles, nos attitudes et nos gestes façonnent des êtres humains bien après notre départ. Cela fait plusieurs années que j'ai perdu ma mère, mais sa voix, ses positions, sa vision du monde sont bien vivantes en moi.

C'est ce qui m'a amenée à apprécier l'incroyable pouvoir de la maternité.

Et pourtant, nous sommes nombreuses à minimiser ce rôle. Nous disons : « Je ne suis qu'une mère. » Ou nous en parlons en second lieu, après avoir mentionné notre emploi. Nous avons le sentiment qu'il nous faut auréoler notre rôle de mère avec d'autres tâches pour nous rendre « intéressantes ».

Or, la maternité *est* ce qui compte, et je suis profondément reconnaissante d'avoir eu la chance et le privilège d'en faire l'expérience.

Lors de chaque fête des Mères, je prie pour que chacun de mes enfants – Katherine, Christina, Patrick et Christopher – puisse fermer les yeux et sentir l'amour que je fais déferler sur eux, sentir mes encouragements, sentir ma gratitude envers eux et pour eux. Joyeuse fête des Mères à vous tous – mamans et enfants.

Mon doux Seigneur, aide-moi à ne jamais oublier que mon rôle le plus important sur terre est mon rôle de mère. Aide-moi à l'honorer et à me tenir en estime dans son exercice. Amen.

Parlez d'amour, non de haine

« Parlez d'amour, non de haine
De mission, de fin prochaine.
J'ai si peu de temps
Et je ne fais que passer. »

— *Dick Blakeslee, « Passing Through »*
(« Je ne fais que passer »)

Aujourd'hui, je choisis de suivre ce conseil. Nous avons le choix entre parler d'amour ou parler de haine. De baisser les bras ou d'accomplir quelque chose. De trouver un sens à l'existence ou de jeter l'éponge. De crier et hurler ou de nous arrêter et écouter. De monter aux barricades ou de nous replier.

Il y a tant de gestes que nous pouvons tous accomplir pour faire progresser l'humanité. Il y a tant à faire, et nous ne sommes que de passage. Je crois que nous sommes tenus de faire bon usage de notre temps. Chacun de nous a une mission distincte, et je crois que cette mission consiste en la création d'un monde plus aimant, plus conscient et, oui, plus compatissant.

Comment pouvez-vous y arriver ? En vous voyant comme quelqu'un dont la lumière est ce dont le monde a besoin. En vous voyant comme ce que j'appelle « un architecte du changement ». En vous voyant comme quelqu'un qui peut faire avancer l'humanité. En vous voyant comme un instrument de paix.

Donc, si vous vous sentez déprimé, confus ou ébranlé, lisez la prière de saint François. Si vous vous sentez transporté de joie, soulagé ou triomphant, lisez la prière de saint François. Elle a su résister au temps, car elle donne des résultats.

Prière de saint François

> Mon doux Seigneur, fais de moi un instrument de ta paix.
> Là où est la haine, que je mette l'amour.
> Là où est l'offense, que je mette le pardon.
> Là où est la discorde, que je mette l'union.
> Là où est l'erreur, que je mette la vérité.
> Là où est le doute, que je mette la foi.
> Là où est le désespoir, que je mette l'espérance.
> Là où sont les ténèbres, que je mette la lumière.
> Là où est la tristesse, que je mette la joie.

Ô Mon doux Seigneur, que je ne cherche
pas tant
À être consolé qu'à consoler,
À être compris qu'à comprendre,
À être aimé qu'à aimer.
Car c'est en donnant qu'on reçoit,
C'est en s'oubliant qu'on trouve,
C'est en pardonnant qu'on est pardonné,
C'est en mourant qu'on ressuscite à l'éternelle vie.

Amen.

Nous avons besoin d'un mouvement de gentillesse sociale

« La gentillesse est le langage que le sourd peut entendre et que l'aveugle peut voir. »

— *Paroles attribuées à Mark Twain*

Ma fille Christina est allée vivre à New York. Elle a quitté la maison lorsqu'elle est entrée à l'université, mais elle est ensuite revenue afin de renouer avec ses racines et décider du travail qu'elle souhaitait faire. Elle a toujours été passionnée par l'art et le design, et elle s'est donc inscrite à un programme de maîtrise en gestion et design à New York, a fait ses bagages et est repartie.

Mais c'est différent cette fois. Je suis certaine qu'elle a trouvé sa voie.

Je suis heureuse pour elle, mais alors que je m'assis pour ma séance de méditation matinale, les larmes me montent aux yeux et je me sens triste, vraiment triste. Vous pourriez dire – mes amis le disent : « Cesse de te morfondre et sois heureuse pour elle ! » Je le suis, je le suis. Mais je n'en demeure pas moins très émotive.

La vie est prévisible – et, pourtant, ô combien imprévisible ! Nous nous sentons comblés une minute, et seuls la minute qui suit. Notre vie peut nous sembler bien remplie, et ensuite si vide. Un jour, nous rions, la maison est pleine, et le lendemain elle nous semble silencieuse et déserte.

Ainsi va la vie. Et on ne sait jamais comment est vraiment la vie des autres. Vue de l'extérieur, elle peut paraître facile, mais en réalité être ardue et solitaire pour ceux qui la vivent.

Je sais, de très nombreuses personnes comprennent ceci. J'ai publié une citation attribuée à Platon dans un réseau social : « Sois aimable avec les gens que tu rencontres, car chacun de nous livre en secret une grande bataille. » Elle a touché une corde sensible, car elle a été partagée près d'un million de fois en l'espace de quelques jours seulement.

Nous voulons tous être traités avec gentillesse, car nous livrons tous une bataille, sous une forme quelconque. J'ai dû apprendre ceci à l'âge adulte, parce qu'ayant grandi dans une grande famille catholique irlandaise, compétitive et résiliente, j'avais pris l'habitude de confondre gentillesse et faiblesse. Plus tard, j'ai fait la distinction. Je comprends maintenant que la gentillesse n'est pas synonyme de faiblesse. Il faut être vraiment fort pour être gentil.

Je ne dis pas que c'est facile. Mais vous devez être fort et patient pour faire preuve de gentillesse. Vous devez pour cela être très vigilant.

Une personne peut sembler « heureuse à l'extérieur » mais qui sait ce qu'elle ressent à l'intérieur ? Son enfant a peut-être quitté la maison depuis peu, et elle est triste. Sa mère est peut-être malade. Son foyer est peut-être en plein désarroi. La liste peut être longue.

Donc, créons un mouvement de gentillesse sociale, dès maintenant. Songez aux sentiments que fait naître en *vous* la gentillesse d'autrui, et inspirez-vous-en pour en semer tout autour de vous. Si nous sommes réellement la nation la plus puissante du monde, alors quel peuple est mieux que le nôtre pour diriger une révolution de la gentillesse ?

Et si vous voyez ma fille sur une rue de la Grosse Pomme, je vous en prie, soyez gentil avec elle.

Mon doux Seigneur, merci pour la gentillesse, la clémence et la générosité dont tu fais preuve avec moi chaque jour, et je te demande de m'aider à faire de même avec ceux qui m'entourent – à leur montrer qu'ils sont aimés et chéris. Je te prie de rendre mon cœur aussi tendre que le tien afin que je puisse faire preuve de gentillesse et de générosité avec tous ceux qui font partie de ma vie aujourd'hui. Amen.

Revenez en arrière pour mieux avancer

« “Famille” signifie que personne ne doit être abandonné ni oublié. »

— *Lilo, dans* Lilo et Stitch

Je fais un pèlerinage annuel à Cape Cod. J'avais l'habitude de dire que je me rendais là-bas pour voir mes parents, mais ils sont maintenant décédés tous les deux. Donc, pourquoi est-ce que je continue d'y aller ? Et devrais-je continuer à le faire ? C'est une question qui revient souvent dans mon esprit. Mais dans l'avion qui me ramène ensuite en Californie, je sais en mon for intérieur pourquoi j'y vais et pourquoi je suis si heureuse de pouvoir encore m'y rendre.

Je vais à Cape Cod pour entretenir mes liens avec les membres de ma famille. J'y vais pour que mes enfants connaissent leurs cousins et cousines, et comprennent cette valeur qu'est la famille. J'y vais pour qu'ils comprennent que l'on peut avoir beaucoup de plaisir uniquement en jouant au ping-pong ou en préparant des biscuits-sandwichs à la guimauve sur la plage.

Je fais de la voile avec mes frères. Je développe des relations avec mes belles-sœurs, mes neveux et mes nièces. Je vais là-bas parce que, dans ce monde trépidant, il est bon d'avoir un endroit où nous sommes entourés des membres de notre famille et où la vie est plus simple.

J'ai découvert que je suis au mieux de ma forme lorsque j'entretiens des relations profondes avec les gens que j'aime et qui m'aiment en retour, et ce par le biais de conversations et d'expériences partagées. C'est pour cette raison que je continue d'aller à Cape Cod.

Je me rends là-bas de manière à pouvoir aller de l'avant dans ma vie, forte de la certitude que je suis aimée par ce grand groupe d'hommes et de femmes, de garçons et de filles, qui forment ma famille.

Lorsque je quitte Cape Cod, je me sens aimée, reconnaissante et comblée. Mes parents m'ont fait le don d'une famille magnifique. Je reviens en arrière afin de pouvoir mieux avancer. C'est aussi simple que ça.

> *Mon doux Seigneur,* merci pour la relation privilégiée que j'ai avec mes frères. Aide-moi à entretenir nos liens. Merci pour l'histoire que nous partageons. Je te prie de nous aider à continuer à être là l'un pour l'autre. Amen.

Je renonce à me plaindre

> « Le vrai bonheur n'intervient pas quand nous sommes débarrassés de tous nos problèmes, mais quand nous changeons notre rapport à eux, et que nous réussissons enfin à les considérer comme des moyens d'apprendre (la patience, l'humilité, etc.). »
>
> — *Richard Carlson*

J'ai quatre frères. Pas de sœurs, uniquement des frères.

Chaque année, sans faute, lorsque je retourne sur la côte est, à Cape Cod, où nous avons grandi, je passe du temps avec eux tous. Lorsqu'une grande famille comme la nôtre se réunit, il y a toujours quelqu'un qui raconte des histoires délirantes que certains trouvent drôles et d'autres non. Ils se taquinent les uns les autres, ils rient les uns des autres, et il ressort du bon comme du mauvais de ces discussions.

Beaucoup de choses.

Lors d'un récent séjour, l'un de mes frères a dit nonchalamment : « Ne trouvez-vous pas intéressant que nous soyons tous assis là à nous plaindre du fait que nos parents n'ont pas fait ceci et n'ont pas fait cela, et pourtant nous sommes tous là – tous les cinq réunis, à bavarder et à rire, à discuter de choses et d'autres. »

Et voilà ! Quels que soient les défauts qu'avaient nos parents – et Dieu sait que nous pensons tous que nos parents ont des défauts (et cela inclut mes enfants) –, les nôtres ont réussi à faire du très bon travail. Ils nous ont encouragés à rester ensemble et à nous épauler, et nous sommes là pour le prouver.

Pendant ce voyage, ce même frère a demandé si nous croyions que « les enfants préfèrent toujours se plaindre de leurs parents au lieu de se concentrer sur ce qu'ils ont bien fait ».

J'y ai pensé et j'ai conclu que c'était le cas. Nous nous plaignons tous. Beaucoup. On dirait qu'il est beaucoup plus facile de se plaindre.

Je me plains de tant de choses stupides. Tout comme mes enfants. J'ai réfléchi à quel point cela peut être déplaisant – du moins à mes yeux –, à quel point c'est négatif, et à la façon dont je pourrais choisir de changer d'attitude.

Par exemple, dès maintenant.

J'ai décidé que je souhaite déterminer si je me sentirai différente si je cesse de me plaindre. Je vais dire à mes enfants que j'ai l'intention de créer une « zone sans plaintes » dans la maison. Et aussi à mon bureau. Je vais tenter l'expérience pendant un an. (Lorsque j'en ai parlé à une amie, elle m'a dit: « Oh, Maria, sois réaliste! Un an? Pourquoi pas un jour à la fois?»)

D'accord. C'est sans doute plus faisable. Un jour à la fois: aucune plainte aujourd'hui. Ni à propos des amis ou du travail, ou de ce que nous mangerons ou ne mangerons pas pour dîner, ou de la circulation, ou de ce qu'un frère ou une sœur a fait ou n'a pas fait. Pas même à propos de la politique. N'oubliez pas: si vous n'aimez pas les représentants élus, vous pouvez toujours entrer vous-même dans l'arène.

Un jour à la fois. Terminées, les plaintes grandes et petites, car elles influent négativement sur mon espace, mes relations avec les autres, et ma vie. Terminées, les plaintes à propos de mon âge, de mon corps, de mon travail, de mes amis, de mon enfance et de ce que mes parents n'ont pas fait correctement. C'est tellement ennuyeux. Après tout, mes enfants sont en bonne santé, et moi aussi. Je suis comblée et je veux continuer à éprouver de la reconnaissance pour ces bienfaits. C'est tellement plus agréable que de se lamenter.

En renonçant à me plaindre, j'ai l'occasion d'aller de l'avant avec gratitude. D'éprouver de la gratitude tout particulièrement envers mes parents pour le merveilleux cadeau qu'ils m'ont fait: l'amitié qui m'unit à mes frères.

Je ne peux qu'espérer que dans un avenir lointain, lorsque j'aurai quitté ce monde depuis longtemps, mes quatre enfants s'assoiraient autour d'une table et parleraient de leur vie et se remémoreraient des histoires à propos de leur enfance. Je sais qu'ils parleront de mes erreurs – je peux déjà les entendre. Mais j'espère qu'ils sauront également s'arrêter et se dire : *Ouah ! Regardons-nous – ensemble après toutes ces années, réunis, passant du temps ensemble, riant ensemble. Nos parents ont certainement fait du bon travail !*

> *Mon doux Seigneur,* je te prie de m'aider à cesser de me plaindre, à cesser de m'attarder à ce qui ne va pas, à cesser de toujours mettre le doigt sur les défauts des autres. Aide-moi plutôt à me concentrer sur ce qui est beau dans ma vie et sur ce qui m'a été offert. Donne-moi la grâce de pardonner rapidement aux autres et d'aller allégrement de l'avant dans ma vie. Amen.

Six vérités sur la famille que j'ai apprises en cours de route

« L'amour commence à la maison. Et ce qui est important, c'est l'intensité d'amour que vous mettez dans le plus petit geste. »

— *Sainte Thérèse de Calcutta*

Les gens me posent souvent cette question, ou une variante de celle-ci : « Qu'ont fait vos parents pour vous aider à conserver des liens familiaux aussi forts ? »

J'y ai moi-même réfléchi longuement, car j'ai toujours voulu être certaine que mes quatre enfants restent toujours unis et engagés les uns envers les autres, comme cela a été le cas pour mes frères et moi.

Je crois que la réponse se trouve dans certaines choses que ma mère avait l'habitude de me dire et que je n'ai jamais oubliées :

1. ***« Il faut rester loyale envers ta famille. »*** Ma mère le répétait sans cesse et elle prêchait par l'exemple. Elle se dévouait à ses parents et à ses frères et sœurs. Elle travaillait avec eux, jouait avec eux, se faisant un devoir de tisser des liens forts avec eux.

2. ***« Travaille de concert avec tes frères et trouvez ensemble un moyen de rendre le monde meilleur. »*** Ma mère a fait en sorte que mes frères et moi travaillions dans le cadre des Jeux olympiques spéciaux, l'organisme international qui a vu le jour dans notre cour arrière. Nous n'avions pas le choix. Elle a également enrôlé nos amis. Aujourd'hui, tous mes frères dirigent des organismes à but non lucratif. Ils travaillent chaque jour dans le but de faire du monde un lieu plus aimant, compatissant et conscient, et je les aide de mon mieux, car je crois en ce qu'ils font. Et j'essaie de rester connectée à ce à quoi ils sont connectés. Comme ma mère nous a dit de le faire.

3. ***« Ne t'interpose pas entre tes frères et leurs conjointes. »*** C'est vraiment un sage conseil. J'ai quatre belles-sœurs. Je les aime toutes et j'ai tenté d'établir des relations bien personnelles avec elles.

Mais je ne me mêle pas de la relation qu'elles entretiennent avec mes frères. (Ou du moins, j'essaie!)

4. ***«Apporte ton soutien à la famille de tes frères et développe des relations avec leurs enfants.»*** Nous pouvons tous aider nos frères et sœurs en apportant un soutien émotionnel à leur famille – plus particulièrement à leurs enfants – avec notre temps, notre sagesse, notre joie. Ces enfants représentent la prochaine génération et ils sont les récipiendaires des valeurs de notre famille.

5. ***«Trouve du temps à consacrer à tes frères.»*** Réunissez-vous le plus souvent possible. Ma mère avait l'habitude de dire: «Tu peux te quereller avec tes frères, tu peux les battre aux sports [tu parles!], mais ne les laisse jamais tomber et ne perds jamais le contact avec eux.» Elle disait également: «Ils sont plus que des amis. Ils sont ta famille. Alors, arrange-toi pour que tout aille bien entre vous.»

Et il y a encore une dernière chose. Une chose dont ma mère ne m'a jamais parlé. Je l'ai trouvée toute seule en cours de route:

6. ***«N'ignore ni ne déprécie les expériences de tes frères.»*** Vos frères et sœurs ont tous vécu des expériences bien personnelles avec vos parents et les uns avec les autres. Écoutez-les, essayez

de comprendre ce qu'ils ont traversé et ce qu'ils ressentent, et puis essayez de guérir leurs blessures d'une manière douce, calme et aimante. J'ai découvert que les cris et les jugements, le fait de dire : « Non, ça ne s'est jamais passé comme ça ! » ne donnent jamais de bons résultats, surtout avec des frères lorsque vous êtes la seule fille de la famille. Et si l'un de vos frères ou l'une de vos sœurs se confie à vous, n'en parlez *pas* aux autres. Respectez la confidentialité de cette information. Faites-moi confiance sur ce point.

Un jour que mes frères et moi étions tous réunis, l'un d'eux m'a dit doucement, à moi seule : « Tu sais, je crois que les hommes d'aujourd'hui sont beaucoup plus coincés que bien des femmes. » De toute évidence, il voulait que je sois la seule à l'entendre dire ça. Cela m'a confortée dans l'idée qu'il faut ménager à nos frères et sœurs un espace sécuritaire, rassurant, pour parler. Écoutez-les, et puis soutenez-les comme vous auriez aimé être soutenu par votre mère ou votre père, et inscrivez leurs expériences dans votre esprit et votre cœur.

Conclusion : où que se trouvent vos frères et sœurs, tournez-vous vers eux, écoutez-les, soutenez-les. Les années et les expériences que vous partagez sont précieuses.

Mon doux Seigneur, dans le tourbillon de la vie, j'ai besoin de trouver des moyens de montrer à ma famille qu'elle est plus importante pour moi que mon travail et toutes mes occupations.

Aide-moi à planifier des tête-à-tête avec chacun de mes frères. Aide-moi à créer davantage de merveilleux souvenirs de ces bons moments passés ensemble. Amen.

Nous avons tous des problèmes de santé mentale. Voici pourquoi il ne faut pas s'en faire.

> « Les gens ont peur d'en parler, mais ils devraient avoir peur de ne pas en parler. »
>
> — *Le prince Harry*

Il n'y a pas très longtemps, je bavardais avec un ami lorsqu'il a dit : « Tu sais, tout le monde a des problèmes de santé mentale – toi y compris. »

J'ai d'abord été surprise par cette affirmation – insultée, même. Mais en y réfléchissant bien, j'ai réalisé que c'était vrai.

Nous avons tous, chacun d'entre nous, des problèmes de santé mentale. Nous avons tous un esprit, et nous devons tous veiller à le garder en bonne santé.

C'est pourquoi je crois que les débats déclenchés par le prince Harry et le prince William sont si révolutionnaires et importants.

Le prince Harry a bravement dit au monde pour la première fois que le chagrin causé par la mort de sa mère, la princesse Diana, alors qu'il avait 12 ans, avait dévasté sa vie pendant de nombreuses années. Il a dit que, finalement, alors qu'il était au seuil de l'effondrement après plus d'une décennie passée à refouler ses émotions, son frère, le prince William, l'avait encouragé à recourir à une aide professionnelle, ce qu'il a fait. Harry avait besoin que quelqu'un lui donne l'espace et le lieu pour exprimer ce qu'il ressentait au plus profond de lui-même, sans craindre une violation de la confidentialité.

Je suis heureuse que le prince William ait alors utilisé sa propre tribune publique pour parler de la façon dont le choc, le chagrin et le traumatisme peuvent cohabiter dans l'esprit et le corps longtemps après un événement, allant jusqu'à provoquer un stress post-traumatique et d'autres problèmes de santé mentale.

Ces deux jeunes hommes nous ont donné un aperçu du profond impact que la mort violente de leur mère avait eu sur leur vie, admettant qu'ils en avaient à peine parlé ensemble pendant toutes ces années.

Et ayant moi-même grandi dans une famille très en vue qui a été marquée par un grand nombre d'événements traumatisants – une famille au sein de laquelle personne ne parlait de ses sentiments –, j'ai trouvé leurs révélations libératrices. Entendre des hommes parler courageusement et ouvertement de l'aide professionnelle dont ils avaient eu besoin a levé le voile sur la honte et l'ostracisme qui entourent les problèmes de santé mentale.

Lorsque des personnalités très connues utilisent leur tribune pour susciter une prise de conscience à propos d'un sujet qui se doit d'être exposé au grand jour, elles nous font à tous une grande faveur.

J'ai moi aussi tenté de le faire à ma manière. Mon premier projet d'écriture était un livre pour enfants traitant du chagrin et de la mort, ainsi que des questions que nous nous posons tous à propos de ces deux sujets autrefois tabous. Lorsque j'étais première dame de la Californie, j'ai présidé un débat émouvant sur le chagrin dans le cadre de la Women's Conference. Ma mère était décédée deux mois auparavant, son départ prenait encore toute la place dans ma vie et j'avais besoin d'en parler. En tant que mère, j'ai aussi parlé ouvertement de mes émotions et de mes sentiments avec mes enfants, parce que l'expérience m'a appris quelles sont les conséquences du *silence* à cet égard.

Le fait est que des événements bouleversants ont un impact non seulement sur notre cœur, mais aussi sur notre bien-être mental. Un même événement peut affecter divers membres d'une même famille de différentes manières. Il est naïf de croire que nous pouvons tous surmonter un traumatisme grâce à la volonté seule, croyant à tort qu'il n'y aura pas de conséquences à long terme.

Mon ami avait raison. Nous avons tous des problèmes de santé mentale. Cela ne nous rend pas pour autant bizarres ou faibles. Cela nous rend humains.

Donc, la prochaine fois que quelqu'un vous dira avoir cherché de l'aide professionnelle – que ce soit à la suite du décès d'un être cher, à la fin d'un mariage, à la perte d'un emploi, à cause de l'anxiété, d'une dépression ou de tout autre problème – soyez compatissant. Soyez compréhensif.

Après tout, ce qu'a dit le prince Harry était à la fois profond et révélateur : il avait besoin que quelqu'un l'écoute.

Mon doux Seigneur, il nous arrive à tous de devoir faire face à des événements bouleversants, car nous vivons dans un monde où se produisent des choses terribles qui entraînent de grandes pertes. Le choc, le chagrin et les traumatismes peuvent provoquer des épisodes de sombre désarroi et de profond découragement longtemps après l'événement initial. Parce que nous sommes humains, nous sommes vulnérables. Je suis vulnérable. Merci de me guider vers un lieu de paix et d'espoir alors que j'ai le cœur brisé. Aide-moi à ne pas me retirer en moi-même, mais plutôt à me tourner vers les bonnes personnes lorsque j'en ai besoin. Et aide-moi à faire preuve de bienveillance et de compassion envers les autres, à les écouter, à les soutenir et à les protéger. Amen.

Pourquoi nous devrions cesser de « faire cavalier seul »

« Personne ne se guérit en blessant son ennemi. »

— *Saint Ambroise*

Chaque fois que je regarde les bulletins d'informations traitant du dernier attentat terroriste qui a eu lieu quelque part dans le monde, je sens déferler en moi toute une gamme d'émotions. Je suis secouée. Je suis en colère. Je suis effrayée. Je n'arrive pas à croire que cela arrive encore une fois à des gens innocents, à nos amis et alliés. Je constate avec horreur que ceci est maintenant notre monde, le monde dans lequel nous vivons tous les jours.

Mais, je respire ensuite profondément et je me rappelle qu'il y a beaucoup plus de bonnes personnes dans le monde que de mauvaises, et que ces incidents peuvent venir chercher ce qu'il y a de meilleur en nous. Alors, ne cédons pas à la peur dans laquelle ces terroristes veulent nous voir sombrer. Ne courons pas, ne nous cachons pas et ne nous isolons pas de nos amis. Faisons front commun.

Ces attentats me font beaucoup réfléchir à mon pays et à notre politique, mais aussi à ma propre vie.

Ceux qui me connaissent bien diraient que j'ai toujours été une personne farouchement indépendante. Seule fille dans une famille de garçons, j'ai toujours été déterminée à tracer ma propre voie, à « faire cavalier seul ».

Il n'y a pas très longtemps, j'ai dit à l'un de mes frères : « Je me sens seule. J'aimerais avoir de l'aide. » Il m'a tout de suite interrompue en disant : « Maria, tu as tellement d'aide autour de toi. Tu as toujours eu aide et soutien. Il faut que tu arrives à te rendre compte que cette aide est déjà là pour toi et que tu n'as qu'à la demander. »

Il avait raison sur tous les plans. Comme de nombreuses personnes, demander de l'aide me place à l'extérieur de ma zone de confort. Je me sens alors vulnérable. J'aime aider, pas demander. Je préfère l'illusion de l'invulnérabilité.

Mais j'ai pris au sérieux le conseil de mon frère. Dernièrement, j'ai demandé beaucoup d'aide dans le cadre de mon travail de sensibilisation à la maladie d'Alzheimer. J'ai demandé à des membres de ma famille de me représenter dans des villes où se déroulaient des événements auxquels je ne pouvais pas assister. J'ai demandé argent et soutien à des entreprises. J'ai demandé à des chercheurs de partager leurs trouvailles. J'ai demandé, demandé, demandé.

Il n'est jamais facile de demander de l'aide, que ce soit pour une cause comme celle de l'Alzheimer ou pour soi-même lorsqu'on a seulement besoin que quelqu'un nous écoute, soit présent et nous soutienne. Si vous êtes comme moi, vous avez le sentiment de renoncer à l'illusion de l'invulnérabilité lorsque vous demandez de l'aide. Mais voilà ce que c'est : une illusion. En fait, demander de l'aide exige de la force. Vous devez être fort pour sortir de votre zone de confort. Cela donne une leçon d'humilité.

J'ai non seulement appris que je peux demander de l'aide, mais aussi que je peux en recevoir. (J'ai encore du travail à faire avec le second volet, mais je fais des progrès.) J'ai également appris que je suis capable de survivre si on me refuse l'aide que je demande. J'ai appris que je peux compter sur ma famille. Je le savais déjà tout au fond de mon cœur, mais lui demander de l'aide est nouveau pour moi. J'ai appris que mes amis sont du type « quand tu voudras ». Sans eux, je serais seule, et j'ai découvert que c'est loin d'être réjouissant.

Je découvre qu'il y a énormément de gens autour de moi qui ne demandent pas mieux que de m'aider. Je n'ai qu'à dire ce dont j'ai besoin et à ensuite prendre le temps de les remercier. Le secret, mes amis, se trouve dans la gratitude que l'on exprime.

Je vous fais part de mon expérience parce que, comme moi, demander et recevoir de l'aide n'est peut-être pas votre point fort. Si vous êtes du type « cavalier seul » si vous avez peur de demander de l'aide, croyez-moi: faire cavalier seul est un gage d'isolement. C'est accablant et, surtout, insoutenable. Et très souvent, on n'est pas vraiment seul! Très souvent, lorsque je m'enorgueillissais de faire cavalier seul, ce n'était pas le cas. Je réalise maintenant que je n'ai jamais accompli quoi que ce soit d'important sans aide.

Tentez d'apaiser l'enfant inquiet qui est en vous et qui vous dit que personne n'est là pour vous, que personne ne peut vous aider et que vous êtes seul. Tentez d'ouvrir votre cœur un peu plus grand, et vous ressentirez des choses que vous n'avez encore jamais ressenties. Oui, certains sentiments peuvent être douloureux, mais il vaut mieux savoir que l'on peut les ressentir que de traverser la vie dans un état léthargique.

Ce qui me ramène à notre grand pays. Nous, les Américains, qui jouissons de la liberté et de l'indépendance, avons toujours été plus forts et meilleurs lorsque nous faisons partie d'une grande communauté, une communauté dans laquelle nous nous parlons, nous nous écoutons, incluons les autres et leur demandons de l'aide. Faire partie d'une entité plus grande que nous nous permet d'ouvrir notre cœur et notre esprit.

Comme le pape François nous le rappelle toujours, nous partageons tous une maison commune: notre planète. Il nous appartient à tous d'en prendre soin. Nous avons en commun un besoin d'appartenance, nous voulons tous être vus et acceptés. Nous avons tous besoin d'amitié, de soutien et d'aide. Faire cavalier seul – individuellement ou en tant que nation – est illusoire. Personne n'accomplit quoi que ce soit seul. Voilà ce que j'ai appris. Voilà ce que je sais maintenant tout au fond de mon cœur.

Donc, trouvez la force de demander de l'aide. Soyez suffisamment vulnérable pour exprimer vos besoins et vos désirs. Et lorsque quelqu'un vous aide à les combler, trouvez le courage de dire merci.

Car faire cavalier seul est tellement... ridicule. Tellement vieux jeu, tellement dépassé. Soyez moderne! Demandez de l'aide. Ce conseil est valable non seulement pour les individus, mais aussi pour les collectivités. Je sais que j'ai besoin d'aide. Tout comme nos amis partout dans le monde – plus particulièrement ceux qui sont la cible de terroristes.

Faites preuve d'ouverture, soyez prêt à demander de l'aide, ayez le courage d'exprimer votre gratitude lorsque vous en recevez, et soyez assez généreux pour en offrir aux autres.

> *Mon doux Seigneur,* notre culture porte aux nues les individus apparemment forts et indépendants qui tracent leur voie et font « cavalier seul ». Mais en réalité, personne n'accomplit quoi que ce soit seul, et tenter de le faire est accablant, épuisant et un gage d'isolement. Je lutte contre ma faiblesse et mes défauts et, pourtant, je n'ose pas demander de l'aide. Je te prie de m'enseigner l'humilité, de m'aider à prendre l'habitude de chercher de l'aide auprès

des autres et de toi. J'ouvre mon cœur afin d'être capable de recevoir et d'offrir de l'aide, et je te demande pardon pour toutes ces fois où j'ai tenté de m'en sortir seule. Amen.

À la recherche d'un filet de lumière

> « Le plus important dans la vie, c'est d'apprendre à aimer et à se laisser aimer. »
>
> — *Morrie Schwartz*

Alors que l'écho des actualités se fait plus bruyant, sordide, déroutant, violent, déchirant et source de discorde, je me suis surprise à tenter d'y trouver une fissure et d'y voir filtrer un filet de lumière.

Oui, une fissure. Comme l'auteur-compositeur-interprète Leonard Cohen l'a écrit dans sa chanson intitulée *Anthem*, « There is a crack in everything. That's how the light gets in. »[1]

Dernièrement, j'ai choisi d'étendre mon regard au-delà des informations quotidiennes que j'absorbe et de

---

1. *Hymne.* « Il y a une fissure en toute chose. C'est ainsi qu'entre la lumière. » *(Note de la traductrice)*

chercher la lumière, l'amour et la vérité qui passent à travers les fissures. Chose étonnante, je n'ai pas à regarder bien loin, car je vois tant d'excellents exemples de lumière, d'amour et d'intégrité partout autour de moi. Oui, c'est vrai.

J'entends des chansons qui parlent d'amour. Je lis au sujet de concerts qui célèbrent l'harmonie et de manifestations pour la tolérance et la compréhension. Je rencontre des gens qui font de leur mieux pour aider leur collectivité et être au service de l'humanité.

Actuellement, je me détourne des hommes et des femmes adultes qui se lancent régulièrement des insultes dans les médias sociaux et à la télé. Je me détourne des élus qui semblent ravis de se livrer une guerre de « il a dit/elle a dit » à Washington, DC., alors que des millions de nos concitoyens tirent le diable par la queue. Ils vivent précairement dans des quartiers dangereux. Les écoles ne sont pas sécuritaires. Ils tentent de survivre d'un chèque de paye à l'autre. Et ils vivent dans la peur de ne plus pouvoir bénéficier de soins de santé de base ou de tout autre service essentiel.

Évidemment, je continue à suivre les actualités. En tant que journaliste et citoyenne, je veux être informée. Mais je ne veux pas me laisser abattre par ce que je constate dans l'arène politique et notre discours national. Je choisis plutôt de me concentrer sur les manifestations d'amour que je vois, car c'est ce qui renforce ma croyance en l'humanité. C'est ce qui m'inspire à travailler plus dur, à en faire davantage et à me focaliser plus que jamais sur l'espoir.

Je sais bien que le mot *amour* est galvaudé, et j'ai moi-même jonglé avec son sens au cours de ma vie. Mais il demeure mon mot de cinq lettres préféré ! Dieu merci, je sais ce que c'est que d'être aimée. Dieu merci, nous avons tous la possibilité de répandre l'amour autour de nous. Je sais que nous cherchons tous cette connexion qui guérit et rassemble. Et pourtant, elle semble si aisément nous échapper. Pourquoi ?

Pourquoi est-il parfois plus difficile d'aimer que de faire preuve de méchanceté ? Pourquoi l'intimidation, la démagogie, la soif de pouvoir l'emportent-elles si souvent sur l'amour ? Pourquoi si peu de dirigeants parlent-ils d'amour ? Pourquoi si peu de dirigeants ne montrent-ils pas davantage d'amour sur la scène internationale ? Est-ce parce qu'ils y voient un signe de faiblesse ou de mollesse ?

Ça ne l'est pas. Comme l'a dit un jour mon amie Elizabeth Lesser, l'amour est un grand concept. Il faut de la force pour donner de l'amour et en recevoir. Il faut de la force pour le trouver et en faire une valeur dominante dans sa vie.

Je ne sais pas ce qu'il en est pour vous, mais j'en ai assez de la mesquinerie, de la négativité et des artifices. J'en ai assez des dirigeants qui menacent ou intimident. Je ne veux pas de dirigeants dépourvus d'intelligence émotionnelle. Je ne veux pas de dirigeants qui sont trop effrayés pour parler d'amour, sans compter diriger avec amour. J'en ai tout simplement assez, et je n'ai pas peur de le dire.

Heureusement, un regard entre les fissures nous donne un aperçu des leaders qui, parmi nous, dirigent avec amour et qui ont le courage de le dire. Ils sont là, et ce sont eux, et non les contestataires, qui sont forts.

Donc, chers concitoyens, s'il y a de l'amour dans votre cœur, manifestez-vous. Vous êtes ce dont le monde a plus que jamais besoin. L'amour est l'arme la plus puissante qui existe sur la planète. Imaginez si nous décidions tous de nous en servir pour diriger le monde.

Comme l'a dit Martin Luther King Jr : « Nous répondrons à votre capacité d'infliger des souffrances par notre capacité à supporter la souffrance… Faites-nous ce que vous voudrez, nous vous aimerons encore. »

Imaginez si nous parlions tous ainsi. Imaginez si nous interagissions en nous inspirant de ces paroles. Imaginez si nous nous rapprochions tous les uns des autres avec amour, lumière et vérité.

L'amour est en nous. Il suffit que nous le laissions s'élever et que nous nous en servions pour diriger. Nous avons besoin de leaders qui dirigent avec amour.

L'amour : c'est votre meilleure défense, et c'est la seule façon d'atténuer tous les autres bruits.

> *Mon doux Seigneur,* merci d'être le Dieu de l'amour et de faire briller cet amour dans l'obscurité de notre époque. Puisse-t-il briller dans mon cœur et me donner la force et la compassion nécessaires pour aimer les autres comme tu les aimes. Sur cette planète, il n'y a pas d'instrument de changement plus puissant que l'amour. Amen.

Il suffit parfois d'une seule personne pour changer votre vie

« J'ai une vie et une chance d'en faire quelque chose. Ma foi exige que je fasse tout ce que je peux, où que je sois, chaque fois que je le peux, aussi longtemps que je le pourrai, pour essayer de faire une différence. »

— *L'ex-président Jimmy Carter*

Il suffit parfois d'une seule personne pour changer votre vie. Le pape François a changé la mienne.

Je me suis dirigée vers le journalisme il y a longtemps, car je voulais faire des reportages inspirants. Au cours de ma carrière, j'ai couvert un grand nombre d'événements importants et j'ai interviewé beaucoup de gens, mais la visite du pape François en Amérique en a indéniablement été le moment le plus marquant.

Je ne l'ai pas interviewé, et je ne lui ai jamais serré la main. Mais ce n'est pas grave. Je l'ai suivi et j'ai couvert toutes les étapes de son voyage, et ses paroles ont touché mon cœur et enflammé mon esprit. Elles ont résonné tout au fond de mon âme. Chaque sermon et chaque discours qu'il a prononcé m'a profondément émue.

Lorsqu'il s'est adressé à la foule sur les lieux où a été érigé le monument commémoratif du 11 septembre à New York, le silence s'est fait dans le studio de NBC News. Nous sommes tous restés cloués sur place pendant qu'il parlait de la douleur, du souvenir et du pouvoir de l'amour. Je l'ai écouté lire la prière de saint François et les Béatitudes, et cela m'a amenée au bord des larmes. J'ai observé les leaders de toutes les confessions qui l'entouraient et qui se sont exprimés selon leurs convictions. J'ai réfléchi à la façon dont je vivais ma propre vie.

Plus tard, lorsque le pape François a parlé de la règle d'or devant le Congrès, j'ai réfléchi à son message et à ma façon de vivre selon ce grand précepte. Lorsqu'il nous a conseillés de nous mettre au service d'autrui, j'ai fait un examen de conscience qui m'a fait comprendre que je pouvais faire mieux.

De fait, la semaine tout entière m'a amenée à décortiquer ma vie, à réévaluer ma conception du pouvoir, du succès, de l'argent, de la joie, du travail et de l'amour.

Je pense encore au pouvoir de son appel invitant les Américains à adopter une « culture faite de prévenance et de protection – envers soi-même, envers les autres, envers l'environnement – au lieu d'une culture du rebut et du gaspillage. » Ouah !

Le pape François nous exhorte à prendre conscience que nous partageons tous une maison commune, une maison que nous devons sauvegarder, que nous devons respecter, aimer et honorer. Il nous exhorte à ouvrir les yeux et notre cœur, à voir notre prochain, et plus particulièrement nos frères et sœurs qui vivent en marge de la société – qui vivent si près de nous et que, pourtant, nous ignorons peut-être. Il nous met au défi d'aider de vrais hommes et de vraies femmes à sortir de l'extrême pauvreté. Il dit : « Pour qu'ils puissent échapper à la pauvreté, nous devons leur permettre d'être de dignes agents de leur destin. » J'adore ça. Il dit que nous devrions tous avoir droit aux ressources nécessaires pour être de dignes agents de notre destin.

J'aime cet homme. J'aime sa façon de parler, sa sagesse, la façon douce, mais aussi forte et claire, avec lesquelles il nous demande d'en faire davantage.

Je crois fermement que le monde aspire à être bon, à être meilleur et à faire mieux qu'actuellement. Je crois en la bonté des gens. Je crois en leur gentillesse. J'en ai été témoin partout où j'ai suivi le pape à travers les États-Unis. Je crois que tous ceux qui l'écoutent parler – quelles que soient leurs convictions religieuses – sentent qu'il s'adresse directement à eux, et cela fait en sorte que nous nous sentons valorisés et respectés. Nous souhaitons tous être compris, aimés, acceptés et appréciés.

Il n'est pas nécessaire de rencontrer un leader en personne ou de lui parler en tête à tête pour qu'il ait un impact important sur nous. Un grand leader établit un dialogue, écoute, compatit à notre douleur et s'efforce de la rendre supportable. Un grand leader embrase notre cœur. Il nous donne envie d'être une meilleure personne. Un grand leader est un guérisseur.

« Priez pour moi » dit le pape François à ceux qui croisent sa route, et puis il ajoute : « Vous qui ne croyez pas, souhaitez-moi bonne chance. » J'espère que nous saurons tous puiser en nous la force de nous souhaiter bonne chance les uns les autres. C'est tellement simple. C'est tellement profond. C'est tellement « pape François » !

À Philadelphie, le pape a raconté l'histoire de sainte Catherine Drexel (sœur Marie de Jésus), une Pennsylvanienne qui, en 1887, a été reçue en audience privée par le pape Léon XIII. Pendant cette rencontre, elle lui a parlé des défis auxquels étaient confrontés les Amérindiens et les Afro-Américains dans son pays. Elle lui a demandé d'envoyer des missionnaires catholiques pour leur venir en aide. Le pape lui a alors demandé : « Mais *vous ?* Qu'est-ce que *vous* comptez faire ? »

Cette question l'a fait réfléchir à sa propre contribution à l'Église, et elle a pris la décision de changer sa vie. Elle a prononcé ses vœux, a fondé la congrégation des sœurs du Saint-Sacrement et a consacré sa vie à dénoncer l'injustice à caractère racial et à aider et éduquer les Amérindiens et les Afro-Américains. Sainte Catherine Drexel a été canonisée par le pape Jean-Paul II en 2000.

« Mais vous ? *Qu'est-ce que* vous *comptez faire ?* » La question est profonde. Vous et moi, que pouvons-nous faire pour rendre notre collectivité meilleure, plus compatissante, plus obligeante et plus prévenante? Qu'est-ce que chacun de nous peut faire pour sauvegarder notre maison commune?

Comme l'a dit le pape François, c'est à chacun de nous qu'il appartient de diriger. C'est à chacun de nous qu'il appartient de parcourir le monde avec humilité, tendresse et respect de son prochain. Il est doublement important de le faire, dit-il, si l'on est en position de pouvoir.

Je remercie le pape François pour l'humilité, la simplicité, l'empathie et l'amour dont il fait preuve dans son sacerdoce. Et comme il nous le demande, je prie pour lui. Je prie pour le pape François et je prie pour vous. S'il vous plaît, priez aussi pour moi. Amen.

> *Mon doux Seigneur,* aide-moi à répondre à ton appel avec confiance, aide-moi à apporter ma contribution à la création d'un monde meilleur en étant plus prévenante, plus tendre et plus respectueuse avec les autres. Aide-moi à être la meilleure version possible de la personne que je suis et que tu as créée. Amen.

Les hommes et la bonté

« L'amour et la bonté ne sont jamais gaspillés. Ils font toujours une différence. Ils bénissent celui qui les accueille, et ils vous bénissent, vous, le donneur. »

— *Barbara De Angelis*

L'amour et la bonté sont les principes directeurs du type de société dans laquelle je souhaite vivre. Je crois que la bonté est l'une des plus importantes qualités que nous puissions avoir. C'est ce qui pourrait nous libérer du tollé et de la négativité qui caractérisent le contexte actuel, qui est loin de baigner dans la bonté.

Mais la bonté n'est pas qu'un principe directeur, un idéal et un but. Je crois qu'elle devrait être la particularité dominante de la façon dont nous communiquons actuellement.

Et je ne parle pas seulement des femmes ! Nous ne devrions pas associer la bonté à un attribut positif strictement féminin. C'est également un attribut des hommes admirables – des hommes admirables et *forts*. Car cela exige une grande force – surtout si vous êtes un homme, peut-être – pour s'afficher dans le monde comme étant quelqu'un de bon et de prévenant. Tant d'hommes craignent de se faire exploiter s'ils font preuve de bonté. Mais il faut être vraiment fort pour être sûr de soi et ne pas se soucier outre mesure d'être jugé faible ou mou si l'on fait preuve de bonté.

Tous – et je dis bien tous – les hommes vraiment forts que je connais savent faire preuve de bonté. Ils n'associent pas la cruauté, le manque d'attention ou l'inflexibilité à la masculinité. Bien dans leur peau, ils sont capables d'être bons avec les autres. De bons pères élèvent des filles fortes, et de bons pères élèvent des garçons qui deviendront des hommes forts et bons.

En fait, les temps changent. La bonté est maintenant un attribut reconnu du bon père. Et maintenant, lorsque je vais faire une promenade, je vois des hommes qui poussent des landaus. Je vois des hommes qui transportent des sacs à couches, qui participent de plus en plus nombreux à des activités scolaires, qui assistent autant aux matchs sportifs de leurs filles qu'à ceux de leurs garçons.

J'entends des hommes parler de leur intelligence émotionnelle. J'entends des hommes parler de leurs enfants et de leur désir d'être plus à l'écoute, plus engagés et, oui, plus bienveillants.

Je veux donc attirer l'attention sur les hommes qui parlent ouvertement, en toute honnêteté, de leur expérience de la paternité, de ce qu'ils ont appris auprès de leur propre père, et de la façon dont ils mettent cet apprentissage en pratique. Je veux attirer l'attention sur ces pères qui se démarquent par la grande bonté dont ils font preuve.

> *Fais, Seigneur, que mon fils ait un cœur pur et des aspirations élevées; qu'il soit maître de lui-même avant de chercher à dominer les autres; qu'il tende vers l'avenir, sans jamais perdre de vue le passé. ... Donne-lui de l'humilité, afin qu'il se rappelle toujours la simplicité de la vraie grandeur, la compréhension de la vraie sagesse, la bienveillance de la vraie force.*
>
> — *Le général Douglas MacArthur*

Un message de ma mère que je chérirai toujours

« L'amour est la force la plus puissante que possède le monde, et pourtant elle est la plus humble qui se puisse imaginer. »

— *Mahatma Gandhi*

J'ai désespérément tenté de tout ranger, de me débarrasser de tout ce que j'ai accumulé au fil des ans. Mon but : ne conserver que ce qui m'apporte de la joie.

J'ai donc commencé par mes livres. J'adore les livres. Je les ai pris un à la fois et j'en ai fait deux piles : ceux que je garde, ceux que je donne.

Et voilà que ça se produit : je tombe sur un livre qui, je m'en aperçois soudain, m'a été dédicacé par ma mère. Il est vrai que, au cours de ma vie, ma mère m'a offert un grand nombre de livres. J'ai été stupéfaite – je n'avais jamais vu ni lu cette dédicace –, et j'ai éclaté en sanglots.

Pourquoi ? Parce que la vérité qui s'en dégageait m'a fortement remuée :

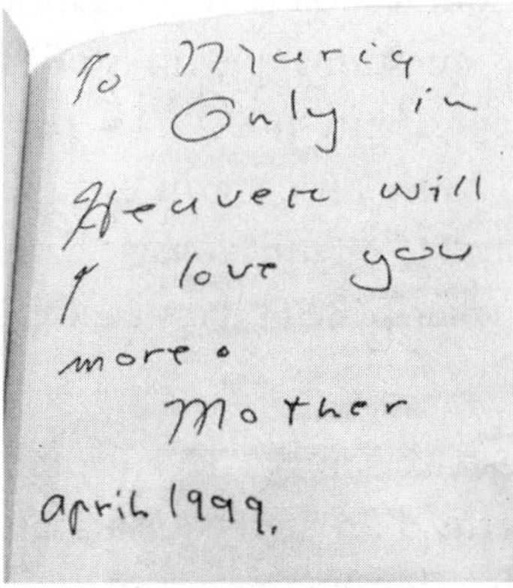

To Maria
Only in
Heaven will
I love you
more.
Mother
April 1999.

À Maria,

Ce n'est qu'au paradis que je t'aimerai davantage.

Maman
Avril 1999.

Je suis pourtant certaine que ma mère m'aimait ici, sur terre. Mais elle était si dure, si implacable qu'elle me montrait son amour en me poussant en avant. Je sais qu'elle aurait voulu tous nous aimer d'une manière plus douce, mais elle ne savait pas comment le faire. Elle n'avait pas été élevée ainsi.

Donc, la lecture de cette note manuscrite tant d'années plus tard m'a révélé une chose : elle peut m'aimer davantage depuis qu'elle est au paradis, là où elle est libre d'aimer d'une manière différente.

Il ne se passe pas une journée sans que ma mère me manque, sans que j'aie envie de lui parler. Ayant trouvé ce livre et son message, je me sens connectée à elle d'une façon merveilleusement profonde. Mon chagrin est soudain moins lourd.

J'ai beaucoup écrit à propos du chagrin, mais je tente toujours d'y trouver un sens. De fait, comme je l'ai dit auparavant, le premier livre que j'ai écrit est un livre pour enfants qui traite du chagrin, de la mort, de la perte, du paradis et des questions que tout cela soulève dans l'esprit d'un enfant. Ce sont les mêmes questions que nous nous posons en tant qu'adultes. Cependant, nous n'en parlons pas souvent ouvertement. Avoir du chagrin est une expérience tellement personnelle. C'est un voyage dans l'inconnu, dans la foi, dans le lâcher-prise et dans l'acceptation. C'est difficile.

Mais voilà – voilà qu'un espace s'ouvre devant moi, un espace créé par la découverte d'un livre que j'avais mis de côté. Un livre contenant un message qui m'avait échappé et que j'avais besoin d'entendre, un message d'amour de ma mère qui avait toujours été là, sous mon toit. Et maintenant, il loge dans mon cœur et il y sera toujours.

Je suis donc heureuse d'avoir pris la décision de tout ranger. Je suis heureuse d'avoir pris le temps de regarder chaque livre avant de prendre la décision de m'en départir. Sinon, je serais passée à côté de l'un des plus grands messages qu'il m'a été donné de recevoir au cours de ma vie : je suis aimée, tant ici qu'au paradis.

> *Mon doux Seigneur,* merci pour tous ces dons d'amour inattendus qui m'entourent. Fais que je sois toujours prête à les trouver, à les voir et à les laisser entrer dans mon cœur. Amen.

Des décisions porteuses de paix

« La vie est pleine de décisions difficiles, et rien ne les rend faciles… Essayez, faites confiance, essayez et faites confiance à nouveau, et vous finirez par sentir votre esprit changer son centre d'attention et accéder à un nouveau niveau de compréhension. »

— *Martha Beck*

J'ai été éduquée et profondément influencée par des religieuses catholiques et des jésuites. Le pape François est l'une des personnes que j'admire le plus au monde, non seulement parce qu'il est jésuite, mais parce qu'il prêche par l'exemple, vit sa vie, dit ce qu'il pense et approuve le changement.

Lorsque confrontés à des décisions difficiles ou à des bouleversements majeurs, les jésuites ont recours à un processus qui les guide vers une solution. Conçu par saint Ignace de Loyola, le fondateur des jésuites, ce processus s'appelle la *Pratique du discernement*. Étape par étape, elle conduit vers la bonne décision.

En réalité, certains d'entre nous sont plus doués que d'autres lorsqu'il s'agit de prendre de bonnes décisions. Certains d'entre nous les prennent en un éclair. D'autres hésitent indéfiniment, pesant inlassablement le pour et le contre. Et d'autres encore tiennent compte à outrance des opinions et des sentiments des autres (c'est mon cas). Mais il y a des gens qui font naturellement preuve de discernement et qui prennent aisément des décisions réfléchies.

Aujourd'hui, je vous parle de la pratique du discernement parce qu'il est difficile pour tout le monde de prendre des décisions importantes. Je connais beaucoup de gens qui sont actuellement aux prises avec un dilemme. Donc, je me suis dit: *pourquoi ne nous inspirerions-nous pas des jésuites et de leur formule éprouvée depuis longtemps?* Je l'ai moi-même utilisée pour prendre des décisions dans le passé, et même récemment.

Donc, la prochaine fois que vous aurez de la difficulté à prendre une décision, cherchez la Pratique du discernement des jésuites sur le réseau Internet et appliquez-la. Elle pourra sans doute vous aider à trouver la lumière et la paix. Elle m'a été utile lorsque des turbulences dans ma vie ont provoqué des crises d'indécision. Le processus est composé d'étapes telles que:

- Déterminez la décision à prendre ou le problème à résoudre.

- Formulez le problème sous forme de proposition.
- Priez pour la transparence et la liberté.
- Rassemblez toute l'information nécessaire.
- Discutez de la question avec quelqu'un qui est sensible à vos valeurs.
- Répétez la troisième étape.
- Observez vers quoi tend votre volonté (vers quoi tendent vos désirs) lorsque vous réfléchissez aux avantages et aux désavantages. (J'ai trouvé cette étape très utile.)
- Ayez confiance en Dieu et prenez une décision, même si l'incertitude plane encore.
- Vivez avec votre décision pendant un certain temps et voyez si vos pensées, vos désirs et vos sentiments continuent de la sanctionner. Sinon, reprenez depuis le début.

Faites preuve de discernement. Prenez une décision. Vivez en paix avec votre décision et permettez aux autres de faire de même.

Mon doux Seigneur, j'ai de la difficulté à prendre des décisions. Je m'inquiète à l'idée de me tromper. Je reste donc paralysée et je ne décide rien. Je te prie de m'aider à changer. Je te prie de m'aider à passer à l'action et à m'en remettre à toi pour les résultats. Je sais que peu importe ce qui arrive, tu seras là pour moi. Amen.

Pourquoi nous avons besoin de temps pour réfléchir

« Il faut plonger dans l'intimité de son être pour connaître l'éternité. »

— *Sargent Shriver*

Récemment, j'ai appris quelque chose dans le cadre de deux conversations que je n'oublierai jamais. Jerry Brown, gouverneur de la Californie, et George Shultz, ancien secrétaire d'État, m'ont tous deux dit à quel point il avait été important pour eux, au cours de leur vie et de leur carrière, de réserver des plages de temps dans le tourbillon de leurs activités – du temps pour respirer et réfléchir. Tous deux m'ont dit à quel point il est difficile de garder du temps pour soi, mais aussi à quel point cela avait été essentiel à leur réflexion et à leur habileté à créer et diriger.

J'ai adoré la simplicité et l'intelligence de ce conseil. Aussi chargé que soit votre emploi du temps, trouvez le temps chaque jour de vous calmer, d'être présent, de réfléchir.

Je suis heureuse d'avoir reçu ce conseil juste avant de monter sur scène pour prononcer un discours, car il m'a aidée à rester présente. Il m'a aidée à demeurer dans le moment présent. Il m'a permis de vraiment apprécier le moment, en temps réel.

Donc, sur scène, le regard balayant la salle, j'ai été submergée par la gratitude – envers mes parents, ma famille et ceux qui ont joué un rôle dans ma vie. Tant de gens m'ont aidée et continuent à m'assister à maints égards. En étant présente, j'ai pu goûter à l'amour qui m'a été offert au cours de ma vie – et qui m'était offert ce soir-là. Je ne l'ai pas repoussé, comme j'aurais pu le faire autrefois. Je l'ai laissé pénétrer en moi, et cela a été merveilleux. Et parce que j'étais présente ou ouverte, cela a été un moment que je n'oublierai jamais.

Lorsque je suis rentrée à l'hôtel, je me suis fait une promesse. Je me suis promis de me réserver davantage de temps chaque jour. Davantage de temps pour réfléchir. Pour rêver. Pour être calme. Pour tout simplement exister, et ce afin d'être plus présente dans ma propre vie.

Je crois que nous vivons à une époque unique dans un monde en évolution rapide et constante. Je crois que notre monde a besoin que nous soyons tous plus présents, plus calmes, plus réfléchis, plus créatifs. Si nous faisons tous l'effort de nous réserver du temps chaque jour en ce sens, je suis persuadée que nos interactions seront différentes. Je suis persuadée que nous verrons, entendrons et comprendrons les choses différemment. Je suis persuadée que nous nous comporterons différemment, parlerons différemment et peut-être même contribuerons à faire progresser notre pays dans la direction que nous souhaitons tous.

Cela vaut la peine d'y réfléchir et de faire acte de présence.

Mon doux Seigneur, aide-moi à prendre chaque jour le temps d'être seule avec toi et de faire abstraction de tout sauf de ta présence. Aide-moi à sentir ta présence dans ma vie et à entendre ta voix qui parle à mon cœur. Amen.

La fête des Mères tous les jours

« La meilleure façon de se trouver est de se mettre au service d'autrui. »

— *Paroles attribuées à Mahatma Gandhi*

Pendant mes décennies de maternité, j'ai appris qu'être mère exige travail, réflexion et énergie 24 heures par jour, 7 jours sur 7. Cette tâche nécessite douceur et fermeté, délicatesse et force, patience et amour inconditionnel. Elle exige que vous fassiez preuve de toutes ces qualités sans permettre à quiconque de vous marcher sur les pieds. Et si vous avez plus d'un enfant, la tâche exige que vous soyez souple et créative, car tout comme il n'y a pas deux enfants identiques (même les jumeaux, à ce qu'il paraît !), deux enfants ne peuvent être élevés exactement de la même manière. Ce qui fonctionne avec l'un ne fonctionne pas nécessairement avec l'autre.

Mais aujourd'hui, je veux aller au-delà de mon expérience personnelle de la maternité et me concentrer sur ce à quoi le monde aspire en ce moment. En termes simples, il s'agit de maternage, avec un M majuscule, de maternage à grande échelle.

Qu'est-ce que je veux dire par là ? En fait, je crois que tous les enfants du monde – jeunes et vieux – cherchent à être aimés, acceptés, choyés, apaisés et soignés par la Mère énergie.

Les vraies bonnes mères lèguent au monde de vrais bons leaders, car elles sont présentes, créent un esprit d'équipe, voient le potentiel de leurs enfants, misent sur leurs forces et apaisent leurs craintes. Elles les inspirent, les guident, et ils leur font confiance. De plus, ils sont très forts et ils ne se laissent pas marcher sur les pieds.

J'ai adoré que le président de la République française dise lors de son discours d'acceptation qu'il allait gouverner son pays avec humilité, dévouement et détermination, qu'il allait le « servir avec amour ».

C'est ce que font les mères sur une base quotidienne. Jour après jour, les mères servent avec humilité, dévouement, détermination et amour.

Puissions-nous tous réaliser que le rôle de mère a le statut d'une tâche présidentielle qui, bien accomplie, peut diriger une famille, une nation ou un monde et l'amener à réaliser pleinement son potentiel.

Ce n'est donc pas uniquement le jour de la fête des Mères que nous devrions honorer la maternité pour ce qu'elle est vraiment : le travail le plus exigeant du monde. Un travail qui mérite chaque jour notre respect, notre dévouement et notre amour.

Être mère est une tâche colossale. Il faut du courage pour être mère.

> *Mon doux Seigneur,* tu as dit que ton fils était venu sur Terre pour être le serviteur de tous les enfants du monde – jeunes et vieux. Il les a aimés, acceptés, nourris, apaisés et soignés de la meilleure façon qui soit. Je veux moi aussi servir avec amour. Aide-moi à être à la fois douce et forte, et à parler de manière à encourager et non à détruire, à nourrir la confiance et la force. Aide-moi à faire preuve de patience et à vouer aux autres un amour inconditionnel. Je te prie de faire de mes moindres actions utiles des gestes qui pourront aider et encourager les autres. Amen.

Nous sommes tous dans le même bateau

« On est un être humain à travers d'autres êtres humains. »

— *L'archevêque Desmond Tutu*

Malheureusement, les nouvelles du jour sont rarement anodines et fantastiques, ne nous en déplaise. J'ai constaté que les gens souhaitent que tout soit noir ou blanc, bon ou mauvais. Mais c'est rarement le cas. Notre position dépend de notre vécu. Vous et moi pouvons regarder la même image, lire la même histoire ou écouter le même discours, et pourtant avoir une opinion différente de ce qui a été dit et de ce que cela signifie.

Je suis liée à vous et, oui, vous êtes lié à moi. Nous partageons la même planète. Nous respirons le même air. La façon dont je me traite est la façon dont je devrais m'efforcer de vous traiter. Ce que je veux pour ma famille est ce que je devrais vouloir pour la vôtre – peu importe votre religion, la couleur de votre peau, votre sexe, votre orientation sexuelle ou votre allégeance politique. Je rêve du jour où nous cesserons d'utiliser des étiquettes pour nous décrire et derrière lesquelles nous nous cachons si souvent, car elles semblent toujours nous éloigner davantage les uns des autres au lieu de nous rapprocher.

Donc, alors que nous commentons avec passion les nouvelles du jour – que nous sommes bombardés d'images de gens qui appellent à l'aide –, puissions-nous nous arrêter et nous rappeler que nous faisons tous partie de cette grande famille que l'on appelle la race humaine.

Notre avenir dépend de notre capacité à voir notre humanité commune et à trouver des façons de la magnifier et de la faire progresser, de la rendre meilleure qu'elle ne l'est actuellement. Nous ne sommes pas ici pour nous détruire les uns les autres. Nous sommes ici pour nous unir et nous entraider. Notre survie à tous en dépend.

Cette semaine, j'ai réfléchi au pouvoir de la prière. Je crois énormément en ce pouvoir, car j'ai été personnellement témoin de son efficacité. De fait, je suis membre en ce moment d'un groupe de prière constitué pour la guérison d'une amie qui est atteinte du cancer. Je sais que la prière donne des résultats, car cette amie est toujours avec nous, courant à gauche et à droite, travaillant et militant pour la justice sociale.

Je prie chaque matin et chaque soir pour me calmer, me guider, me centrer, exprimer ma gratitude et avoir une conversation avec Dieu. Je prie pour moi-même, pour mes enfants, pour mes amis et, oui, pour ceux que je tente de mieux comprendre, incluant ceux que je ne comprends pas parce qu'ils ne voient pas les choses de la même manière que moi.

Je vais continuer à prier pour nous tous et pour notre humanité commune. C'est à nous de la reconnaître. Il suffit que nous ouvrions les yeux, notre esprit et notre cœur.

> *Mon doux Seigneur,* lorsque je me sens dépassée par mes problèmes, je compte sur toi pour te charger de ce qui échappe à ma compétence. Je choisis de fixer mon regard sur toi et de faire confiance à ton majestueux pouvoir. Je sais que rien ne se produira sans que tu le saches ou le veuilles. Enseigne-moi à trouver refuge dans ta présence, à te suivre un jour à la fois et à franchir les étapes qui me permettront de surmonter les difficultés auxquelles je suis confrontée. Amen.

« Nous sommes ceux que nous attendions »

> « Une personne peut faire la différence et toutes devraient essayer. »
>
> — *L'ex-président John F. Kennedy*

J'ai tenté de passer moins de temps à m'inquiéter et davantage de temps à réfléchir. Non pas seulement à réfléchir à ce qui a été, mais à la façon dont je veux vivre ma vie à l'avenir.

Je sais que je veux aller de l'avant avec espoir. Je veux aller de l'avant avec foi. Je veux aller de l'avant avec conviction, passion et détermination. Je sais que je veux utiliser ma voix de façon claire et confiante au nom des gens et des causes qui me tiennent à cœur.

Je veux utiliser ma voix pour contribuer à la compréhension de l'extraordinaire esprit humain et à la découverte des causes de la maladie d'Alzheimer. Cette maladie anéantit tant de familles : nos mères, filles, sœurs, frères et pères. Elle les anéantit financièrement, émotionnellement, physiquement et spirituellement. Je crois fermement que nous, en retour, pouvons éradiquer cette épouvantable maladie, et je n'aurai pas de repos tant que nous n'aurons pas réussi. Je crois que c'est le rôle que je peux jouer dans la création d'un monde plus prévenant, plus conscient et plus compatissant. L'ampleur du défi ne me décourage pas. Il me donne des forces parce que je crois que cet objectif est atteignable.

Sur le mur de mon bureau est accroché un poème qui m'inspire beaucoup chaque fois que je le lis. C'est un poème qui me pousse à continuer. Il me rappelle qu'il est urgent d'agir, et il parle autant à mon cœur qu'à mon esprit.

On attribue ce poème à un aîné de la tribu des Hopis qui vit en Arizona. Il s'adresse au leader qui vit en chacun de nous. Il fait appel au pouvoir de l'individu, au besoin d'appartenance à une collectivité et à l'urgence du maintenant. Il nous met au défi de ne pas rester sans rien faire en attendant que quelqu'un nous pousse en avant.

Un aîné du peuple hopi parle

« Tu as dit au peuple que ceci était la onzième heure.

Tu dois maintenant y retourner et lui dire que c'est l'Heure.

Et voici les questions à poser…

Où vivez-vous ?

Que faites-vous ?

Quelles sont vos relations ?

Vos relations sont-elles harmonieuses ?

Où se trouve la source d'eau fraîche à laquelle vous vous abreuvez ?

Vous devez connaître votre jardin.

Il est temps de dire la Vérité.

Créez votre collectivité.

Soyez bons les uns avec les autres.

Et ne cherchez pas un leader à l'extérieur de vous-même. »

Et puis, il a frappé dans ses mains, a souri et a dit : « L'époque pourrait être bonne ! »

« Il y a une rivière dont le courant est maintenant très fort. Elle est tellement grande et vive que certains en auront peur. Ils tenteront de rester sur la rive. Ils se sentiront déchirés et ils souffriront beaucoup.

« Sachez que la rivière va quelque part. Les aînés disent que nous devons quitter la rive, voguer au centre de la rivière, garder les yeux ouverts et la tête hors de l'eau. Et je dis, regardez autour de vous, voyez qui vous accompagne et réjouissez-vous. À ce moment de l'histoire, nous ne devons pas nous laisser atteindre. Sinon, notre croissance spirituelle et notre voyage seront interrompus.

« L'ère du loup solitaire est révolue. Rassemblons-nous ! Bannissons le mot *lutte* de notre attitude et de notre vocabulaire. Tout ce que nous ferons maintenant devra être fait d'une manière sacrée et dans la fête.

« Nous sommes ceux que nous attendions. »

— Paroles attribuées à un aîné du peuple hopi
Oraibi, Arizona

Donc, si vous êtes à une étape de votre vie qui vous pousse à réfléchir à ce qui était et à ce qui est, tirez une leçon du récit de cet aîné hopi. À ce moment de l'histoire, nous ne devons pas nous laisser atteindre. L'ère du loup solitaire est révolue. C'est l'Heure. Nous sommes ceux que nous attendions.

De quoi vous préoccuper à part vos lèvres, vos cuisses et vos yeux

« Bien que personne ne puisse revenir en arrière et prendre un nouveau départ, tout le monde peut commencer à partir de maintenant et écrire une nouvelle fin. »

— *Carl Bard*

Ce que vous portez ou ne portez pas ne m'intéresse pas. Ce que vous dépensez pour votre maquillage ou vos cils ne m'intéresse pas. Que vous ayez eu recours à la chirurgie plastique ou que vous l'envisagiez ne m'intéresse pas. Je ne me soucie pas non plus que vous ayez divorcé, quitté votre emploi pour élever vos enfants ou travaillé comme un dément pendant toute votre vie.

Que vous soyez Démocrate, Républicain, indépendant, vert ou neutre ne m'intéresse pas. Votre emploi, votre revenu, ce que vous savez ou ne savez pas ne m'intéresse pas. Que vous soyez catholique, bouddhiste, juif, protestant ou athée ne m'intéresse pas. Je ne me soucie pas que vous soyez un homme ou une femme, gai ou hétéro ou « autre » noir, blanc, brun ou rien de ce qui précède.

Cela ne m'intéresse pas du tout.

C'est de votre esprit dont je me soucie, et je veux y pénétrer. Je ne m'en soucie pas uniquement pendant le mois de la sensibilisation à la santé mentale, car c'est un sujet qui me tient à cœur. Je m'en soucie parce que je veux vous aider à le protéger et à le garder sain pendant toute votre vie.

Toutes les 66 secondes, un cerveau développe la maladie d'Alzheimer. Deux tiers de ces cerveaux appartiennent à des femmes et personne ne sait pourquoi. Je trouve cela inacceptable, et j'espère que vous pensez comme moi.

J'ai décidé comme mission de trouver la raison pour laquelle cette maladie s'empare du cerveau de tant de gens – de tant de femmes ! – dans la fleur de l'âge. J'ai vu ce fléau frapper dans ma propre famille et je ne veux pas que *vous* soyez atteint ou que vous ayez à voir une personne que vous aimez perdre ses souvenirs. Croyez-moi, c'est affreux.

La maladie d'Alzheimer est la crise sanitaire la plus onéreuse à laquelle notre pays est confronté, et il nous faut l'éradiquer. Nous pourrons y arriver en continuant à financer la recherche qui est essentielle si nous voulons comprendre cette maladie dévastatrice.

Ma mère a toujours insisté sur l'importance de développer mon esprit. Elle disait : « Maria, ta beauté se fanera, mais si tu développes ton esprit, tu en profiteras toute ta vie et c'est ce qui fera une différence. »

Donc, même si je *tente* de préserver ma beauté le plus longtemps possible (haha), je me préoccupe avant tout de ma santé mentale – et de la vôtre. Cela me tient vraiment à cœur.

Notre esprit est une chose que nous avons en commun. Ensemble, nous pouvons le sauver.

> *Mon doux Seigneur,* je te prie de me guider afin que je préserve ma santé, que je mange bien, que je fasse de l'exercice, que je poursuive mon apprentissage et que je vive bien en société. Prends ma vie entre tes mains et renouvelle mon esprit, mon corps et mon âme. Avec toi, tout est possible. Amen.

Réflexions sur une semaine mouvementée

« Il n'y a pas de plus grande récompense que de travailler en écoutant son cœur, et de faire une différence dans le monde. »

— *Carlos Santana*

Vous est-il déjà arrivé de connaître une semaine pendant laquelle, malgré tous vos efforts, vous avez été incapable de rester optimiste, joyeux et positif? Évidemment, cela vous est arrivé. Et c'était mon cas la semaine dernière.

Cela a été une semaine pendant laquelle les événements se sont succédé si rapidement que j'ai eu peine à suivre. J'ai parlé à des gens qui étaient rivés aux actualités et aux médias sociaux, tentant de tout disséquer en temps réel et d'y trouver un sens. Entre-temps, d'autres personnes à qui j'ai parlé ont dit ne plus être capables de supporter tout ça et avoir fermé tous leurs appareils électroniques.

Nous vivons à une époque troublée et chaotique, c'est certain. Il n'y a plus de certitudes. Il est difficile de discerner nettement la voie devant nous. Il est difficile de savoir quoi penser alors que tout semble changer plus rapidement que le temps qu'il faut pour développer une nouvelle pensée. C'est pour cette raison que, dans de tels moments, je tente de passer plus de temps loin du bruit de manière à clarifier ce que *je* pense vraiment.

Comment est-ce que je m'y prends ? Je lis et j'écoute. Je me tourne vers des gens dont les paroles et les pensées me remontent le moral et m'aident à rester positive. Cela ne signifie pas que je suis naïve. Cela signifie tout simplement que je reconnais le fait que nous pouvons choisir la façon dont nous réagissons au brouhaha et au changement qui tourbillonnent autour de nous.

Je me tourne vers des gens que je respecte, des gens qui, à mon avis, sauront me faire mettre les choses en perspective. Ils me rappellent que nous avons déjà traversé des époques aussi tumultueuses. Les turbulentes années 1960. Des assassinats. La guerre du Vietnam. Le Watergate. La démission d'un président. L'affaire Iran-Contra. D'horribles catastrophes naturelles. Le 11 septembre. La liste est longue. La clarté, la précision et le calme reviennent toujours, mais cela prend du temps.

Donc, donnez-vous la permission de vous retirer. Respirez. Tournez-vous vers des sages qui ont été les témoins de ces bouleversements. Suivez les actualités, oui, mais ne vous laissez pas hypnotiser ni consumer par elles.

Trouvez la détermination nécessaire. Concentrez-vous sur le bien que vous pouvez faire dans votre propre vie. Nos collectivités et notre nation ont besoin du bien que nous pouvons apporter. Elles ont besoin de nous pour dissiper l'obscurité et se tourner vers un avenir plus uni que divisé. Je crois que nous pouvons tous être d'accord sur le fait que nous méritons un avenir plus brillant que sombre, plus positif que négatif, un avenir dans lequel nous serons plus compatissants que critiques.

Je me propose de nous faire progresser et de nous unir. Vous joindrez-vous à moi ?

Mon doux Seigneur, aujourd'hui, aide-moi à m'éloigner du bruit, à respirer profondément, à apaiser mon cœur et mon esprit, et à croire que tu t'occuperas de dissiper toute l'incertitude que je ressens à propos de ce que je suis incapable de contrôler. Épargne-moi la peur et le découragement lorsque la voie qui est devant moi est obscure et déroutante. Merci d'avoir placé dans ma vie des gens dont la sagesse et les actions m'élèvent au-dessus de la négativité et m'offrent la perspective claire et positive dont j'ai besoin. Aide-moi à faire une pause, à les écouter et à me rappeler leurs paroles de manière à ce que je puisse me recentrer sur le bien que je peux faire autour de moi. Même si je ne vois pas la route devant moi, je suis certaine que mon avenir repose entre tes mains. Amen.

Mes réflexions pascales

« Il n'est pas ici ; mais Il est ressuscité. »

— *L'Évangile selon saint Luc, 24:6*

Pâques, c'est la résurrection. Je ne parle pas uniquement de Jésus qui ressuscite d'entre les morts, même si c'est la métaphore à laquelle je pense. Je parle du fait qu'aujourd'hui peut être un jour où chacun de nous choisit de se lever dans sa propre vie.

Mon frère Timothy m'a demandé de passer un peu de temps avec lui. Nous avons donc passé un week-end au Nouveau-Mexique dans le cadre d'une retraite organisée par le père Richard Rohr. Là-bas, nous avons écouté, appris, communiqué. Nous avons été l'un avec l'autre et aussi seuls avec nous-mêmes. (Sa superbe fille, Rose, nous a accompagnés.)

Le père Rohr était assisté de William Paul Young, auteur de l'ouvrage intitulé *Le shack : là où la tragédie se confronte à l'éternité*, et de Cynthia Bourgeault, révérende épiscopalienne et mystique des temps modernes.

Le week-end a été émouvant, constructif et profond, et il a été couronné par une messe magnifique. J'ai eu le temps de réfléchir à ma propre histoire, à tous les hauts et les bas qui ponctuent la vie – pas seulement la mienne, mais celle de tous les êtres humains. Le père Rohr a dit que si nous avons une âme, alors nous devons reconnaître que tout le monde en a également une. Les autres aussi connaissent des hauts et des bas, des moments d'obscurité et de lumière.

Ce week-end passé avec ces âmes merveilleuses a été très positif.

Voici 20 des réflexions que j'ai rapportées à la maison :

1. Ce qui est brisé en nous nous rend humains, pas mauvais. Nous sommes tous unis dans nos blessures et nos souffrances. Sachons le reconnaître.
2. Les révélations viennent de l'intérieur, et non de l'extérieur. Sachons les accueillir.
3. Nous croyons devoir connaître quelqu'un avant de pouvoir l'aimer, mais Dieu nous demande d'aimer *avant* de connaître. Aimez inconditionnellement.
4. De nos jours, l'un des plus graves problèmes auxquels nous sommes confrontés est la perte de sens. Trouvez une signification partout où vous le pouvez.

5. La religion est devenue trop axée sur le péché. On nous a enseigné que nos péchés nous éloignent de Dieu, mais ce n'est pas vrai.

6. Si vous devez toujours convaincre vos parents de vous aimer, alors vous n'aurez jamais la certitude qu'ils le font. *Note pour les parents :* assurez-vous de donner à vos enfants l'amour qu'ils recherchent.

7. Il nous arrive à tous d'être parfois aveugles, et puis de voir. Ouvrez votre esprit à d'autres façons de penser et de voir. Ceci vous libérera de la conception dualiste du bien et du mal, du bon et du mauvais. Ouvrez votre esprit à une tierce perception.

8. L'esprit contemplatif embrasse les choses dans leur entièreté. Soyez contemplatif dans l'action. La contemplation et l'action vont de pair.

9. La plupart des pensées sont tout simplement le résultat d'un esprit obsédé. Trouvez des façons de faire taire le vôtre.

10. Vous devez retirer le tapis de sous vos pieds. Ce n'est qu'ainsi que vous pourrez suivre le courant. En choisissant d'accepter l'inconnu qu'apporte la vie, vous serez en mesure d'accepter le courant.

11. La complétude vient lorsque vos gestes sont à l'image de votre vérité. Et la vérité est que vous êtes une excellente création. *Note pour moi-même :* accepte cette vérité telle qu'elle est.

12. Le contraire de « plus » est « assez ». Ne l'oubliez pas.
13. Afin que vos « oui » comptent, vos « non » doivent également compter.
14. Tout est dans la présence. Votre esprit vagabonde dans le passé et l'avenir. Travaillez de concert avec lui pour vivre le moment présent.
15. La majorité d'entre nous porte le fardeau de la honte et punit notre corps. La fusion du corps et de l'esprit nous aide à demeurer présents.
16. Considérez que vous accomplissez l'œuvre de Dieu. Et considérez ensuite que les autres font de même.
17. Nous nous en tenons souvent à ce que les autres disent de nous. Connaissez votre propre histoire et racontez-la.
18. L'électricité ne peut circuler que dans un circuit, un ensemble continu de conducteurs électriques. Il doit y avoir un donneur et un receveur. Ne l'oubliez pas.
19. Vous saurez ce que vous devez savoir lorsque vous aurez besoin de le savoir.
20. Vos expériences n'appartiennent qu'à vous. Chacun de nous a une mission, un but et un appel. Aujourd'hui et chaque jour, nous devons répondre à cet appel.

Aujourd'hui, je vous laisserai sur cette pensée : je n'aurais jamais participé à cette retraite si mon frère Timothy ne m'avait pas demandé de passer un peu de temps avec lui. Je suis tellement heureuse de l'avoir fait. Donc, lorsque quelqu'un que vous aimez vous demande de lui consacrer du temps, faites-le. Vous constituerez alors vous aussi une liste de merveilleuses réflexions.

> *Mon doux Seigneur,* je t'honore en tant que Dieu de la résurrection. Tu as le pouvoir de m'aider à ramener dans ma vie des rêves que j'avais autrefois. Tu m'indiqueras toujours de nouvelles voies à suivre, et ta grâce sera toujours fraîche et débordante. Amen.

Le temps de se reposer

« Chaque jour, chacun de nous est confronté à la possibilité de réorienter sa vie. De la recentrer, de la réimaginer. De la relancer. Chaque jour, nous pouvons prendre la décision de changer notre conception du monde, nos paroles, notre ton et notre attitude. »

— *Maria*

Réfléchissez. Souvenez-vous. Reposez-vous. Refaites le plein.

C'est ce que je veux faire, car j'ai le sentiment que tout va trop vite – notre politique, nos discours, nos relations et notre vie.

Lorsque tout le monde cède à une telle frénésie, des balles sont inévitablement tirées, des paroles blessantes sont prononcées, des malentendus surgissent et des événements terribles se produisent. Et personne ne prend le temps de dire : « Hé, attendez une minute ! »

Que sommes-nous en train de faire ? À quoi pensons-nous ? Où allons-nous ? Arrêtons-nous. Reposons-nous une minute. Réfléchissons à ce qui se passe actuellement et à ce qui s'est passé hier. Faisons une pause et ressaisissons-nous. Ce n'est qu'ainsi que nous pourrons nous recentrer, refaire le plein et aller de l'avant d'une manière plus unie.

Je suis très sérieuse. Il est temps pour nous tous – peu importe notre âge, notre sexe, notre race ou notre allégeance politique – de nous montrer plus conscients, plus attentionnés et plus compatissants, sans oublier d'être moins agressifs et critiques.

Maintenant, avant de hurler : « Comment peut-elle parler de repos alors que des bombes sont larguées et tuent de jeunes enfants ? Alors que des politiciens menacent d'éliminer des programmes qui, pour beaucoup de gens, font une différence entre la vie et la mort ? Alors que Washington se trouve mêlée à des confrontations, des luttes de pouvoir, des échanges d'injures et un projet de mur ? Alors que l'on a l'impression que le monde va s'effondrer ? »

Eh bien, j'estime que nous avons justement besoin de nous reposer maintenant.

Ce n'est pas une pratique qui a fait partie de mon éducation. De fait, je crois qu'il est juste de dire que l'on n'avait que du mépris pour le repos dans ma famille. Si l'un ou l'autre de mes parents voyait quelqu'un se reposer… Eh bien, disons seulement que personne n'aurait osé le faire.

Mais j'ai fini par comprendre que le repos a ses mérites. Si vous vous arrêtez pour vous reposer, cela ne signifie pas que vous êtes faible ou trop fatigué pour continuer. Cela ne veut pas dire que quelque chose ne tourne pas rond chez vous ou que vous êtes antiaméricain (même si les Américains aiment croire qu'ils sont les citoyens les plus compétitifs et motivés de la planète).

Le repos est important pour votre esprit, votre corps et votre cœur. Lorsque vous vous reposez, vous refaites le plein et vous vous recentrez. Vous pouvez alors rêver, puiser dans votre esprit conscient et créatif. Vous pouvez renouer avec votre moi intérieur et votre mission personnelle.

La vérité, c'est que j'ai beaucoup couru à droite et à gauche au cours de ma vie, uniquement pour apprendre que les gens qui réussissent haut la main en accomplissent davantage lorsqu'ils prennent le temps de ralentir.

Lorsque les gens s'arrêtent pour se reposer, ils sont plus réfléchis, plus concentrés, ils sont en paix avec eux-mêmes et avec ceux qui les entourent. Ils sont également de meilleurs parents, de meilleurs partenaires de vie et de meilleurs professionnels. Les gens qui prennent le temps de se reposer accomplissent beaucoup de choses – et ils le font sans semer le chaos ni perpétrer un carnage dans leur sillage.

Donc, avant que vous vous disiez à vous-même: *Je ne peux pas me reposer. Je n'ai tout simplement pas le temps de réfléchir ou de refaire le plein. J'ai trop de choses à faire…*, croyez-moi sur parole. Il y a quelques années, j'aurais dit la même chose. Mais j'ai appris ceci : nous avons une destination commune, alors pourquoi se presser ?

Ce week-end du jour du Souvenir, qui marque le début non officiel de l'été, je vais me reposer la moitié du temps. En fait, je vais faire du repos un élément essentiel de mon été et de ma vie.

Ce week-end, je vais également passer du temps à me rappeler tous les braves militaires, hommes et femmes, qui ont donné leur vie pour notre pays. Je veux leur présenter mes respects et dire toute ma reconnaissance aux familles qu'ils ont laissées derrière eux et qui, trop souvent, luttent pour recoller les morceaux.

Il y a peu de temps, un week-end du jour du Souvenir a marqué ce qui aurait été le 100ᵉ anniversaire de mon oncle, l'ex-président John F. Kennedy. J'ai pris le temps de réfléchir à son héritage et à ce pour quoi il s'est battu lors de la Seconde Guerre mondiale, ce pour quoi il a milité pendant sa vie politique, et à la raison pour laquelle ses paroles ont encore autant d'impact aujourd'hui.

Cela m'a fait penser à ceci : « Pour quoi est-ce que *je* milite ? Qu'est-ce que *je* fais pour mon pays ? Comment est-ce que *je* donne au suivant ? Comment est-ce que *je* contribue au bien commun ? » (Se plaindre ou râler sur Twitter n'est pas une façon de contribuer au bien commun, soit dit en passant.)

Je vous en prie, arrêtez-vous et réfléchissez aux personnes et aux choses qui sont importantes pour vous. Réfléchissez aux raisons pour lesquelles vous faites ce que vous faites.

Rechargez vos batteries. Recentrez votre détermination. Rappelez-vous que vous faites partie des privilégiés. Vous êtes encore ici, vous avez encore la chance de faire une différence avec votre vie et d'en faire profiter les autres. Pourquoi ne pas saisir cette chance ? Prenez le temps de vous arrêter et de vous reposer maintenant. Parce que, croyez-moi, nous avons encore beaucoup de travail devant nous.

> *Mon doux Seigneur,* il semble que le monde soit en train de s'effondrer, et mon monde en mouvement perpétuel crée un stress qui m'étourdit. Tu nous as dit que tu voulais que nous ralentissions de temps en temps, que nous reposions notre corps, notre âme et notre esprit, que nous rechargions nos batteries et que nous recentrions notre détermination. Aide-moi à m'arrêter et à réfléchir à ce que je fais, aux raisons pour lesquelles je fais ce que je fais, et à trouver mon but et ma mission dans la vie. Aide-moi à rester immobile, à reconnaître que tu es mon Dieu et à entendre ce que tu dis, de manière à ce que je puisse aller de l'avant avec force et confiance. Amen.

Ce pour quoi je suis reconnaissante en ce jour d'Action de grâce

« Sally, l'Action de grâce est une fête très importante. Notre pays est le premier du monde à avoir créé une fête nationale pour dire merci. »

— *Charles M. Schulz*

L'Action de grâce[1] est ma fête préférée, car elle célèbre ce qui est important dans ma vie : la famille, les amis, la foi – et la nourriture ! Je devrais aussi mentionner le football, car il fait également toujours partie de la fête chez nous.

L'Action de grâce a trait à la gratitude, aux rassemblements, à l'emballage et au déballage de présents, à notre présence dans la vie des gens qu'on aime.

1. Thanksgiving, aux États-Unis. *(Note de la traductrice)*

J'avais chaque année l'habitude d'aller à Washington et de fêter l'Action de grâce avec mes parents. C'était un voyage sur lequel je comptais et que j'avais hâte de faire chaque année: pour voir mes frères et leur famille, mon père en train de découper la dinde et le visage de ma mère rayonnant de joie, tous deux assis à un bout de la table et baignant dans l'amour et le rire de la famille qu'ils avaient bâtie.

Après leur décès et après que ma propre situation familiale ait changé, j'ai eu du mal à créer une nouvelle tradition pour l'Action de grâce. Au début, j'ai été invitée chez des amis. Et puis, comme cette fête avait toujours été très importante pour moi, j'ai voulu établir mon propre rituel. Mais comment faire? Eh bien, une chose que j'avais toujours admirée chez mes parents, c'est qu'ils accueillaient à bras ouverts tous les amis que leurs enfants souhaitaient inviter. J'ai donc commencé à faire la même chose. Lentement mais sûrement, ma table s'est remplie, et lentement mais sûrement, une nouvelle tradition est née.

Ce qui se produit à l'Action de grâce est très puissant. J'ai souvent reçu à ma table des gens qui n'étaient pas nés aux États-Unis, qui avaient été élevés sans connaître l'existence de cette fête, mais qui avaient fini par l'adorer, car elle signifie être bienvenu à table. Elle a trait à l'acceptation. C'est une invitation.

Rassemblez-vous autour d'une table. Invitez des gens. Célébrez avec les êtres qui vous sont chers. Écoutez. Apprenez. Aimez. Concentrez-vous ce sur ce qui est pour vous une source de bien-être, une source de certitude. Concentrez-vous sur vos talents. Concentrez-vous sur la gratitude que vous éprouvez.

Et n'attendez pas l'Action de grâce pour le faire ! Constatant que les gens aimaient tellement cette fête, j'ai créé une autre tradition, celle des dîners dominicaux. Chaque dimanche, j'invite des gens à ma table – pour nous réunir, manger, rire. C'est une tradition que mes enfants ont appris à aimer et sur laquelle je compte maintenant. La nourriture, la famille, l'amour et le rire. Qui a dit que cela ne devait se faire qu'une fois par année ?

> *Mon doux Seigneur,* merci de me permettre de goûter aux choses les plus simples de la vie. Aide-moi à ne jamais tenir pour acquis ce que tu m'as donné. Merci, merci, merci. Amen

Ce que j'emporte avec moi le premier jour de chaque année

« Je tourne les pages, je les abîme, comme j'abîmais mes cahiers d'écolier ; et j'écris tant de débuts qu'il n'y aura jamais de fin »

— *Laurie, dans* Les Quatre Filles du docteur March *de Louisa May Alcott*

Les premiers jours d'une toute nouvelle année sont excitants. Nous avons l'occasion de faire de l'année qui vient la meilleure que nous ayons vécue jusque-là – personnellement, professionnellement et politiquement.

Le premier jour de cette année, alors que je mettais par écrit toutes les choses que je voulais enterrer, brûler ou tout simplement cesser de rabâcher en râlant, j'ai également dressé la liste de tout ce qui est positif dans ma vie et que je veux emporter avec moi au cours de la nouvelle année. Dresser ces deux listes est un excellent exercice que j'appelle « Enterrer et emporter ».

Voici mes listes pour cette année :

Ce que je veux enterrer en cette nouvelle année

Cette voix critique dans ma tête. Elle porte sans cesse des jugements, elle tient des propos inexacts et tellement ennuyeux. Je veux la balayer et l'enterrer une fois pour toutes.

Ma peur. Je veux attraper ma peur par vous savez quoi. Elle n'a pas sa place dans ma vie en cette nouvelle année. Le temps m'est compté, mais la peur me fait faire du surplace. Je l'enterre.

Les comparaisons. Même si je sais que rien de bon n'émerge des comparaisons que nous faisons, j'en fais toujours, me comparant toujours à quelqu'un d'autre – je compare mon travail à celui de quelqu'un d'autre, mes accomplissements à ceux de quelqu'un d'autre, mon apparence à celle de quelqu'un d'autre, mes relations à celles de quelqu'un d'autre, et ainsi de suite. C'est assez. Plus de ça.

Le contrôle. Ici aussi, je lâche prise. Cela ne donne plus aucun résultat. Je ne peux pas contrôler ce que les gens pensent, disent ou font. Je me débarrasse donc de cette habitude ridicule.

Ce que je veux emporter avec moi en cette nouvelle année

La pratique de la gratitude. Chaque matin, je remercie Dieu pour ma foi, ma famille, mes amis et ma santé. Je veux continuer à le faire.

La pratique de la méditation. Je veux m'améliorer, apprendre à mieux méditer, car cela me rend meilleure.

Ma santé mentale et physique. Je veux vraiment en faire une priorité en y consacrant du temps. La santé mentale et la santé physique vont de pair et elles méritent toutes une attention régulière.

Ma mission. Je veux m'impliquer davantage année après année. Ma mission personnelle est de jouer un rôle dans l'éclaircissement du mystère entourant la maladie d'Alzheimer: découvrir pourquoi les deux tiers des cerveaux atteints appartiennent à des femmes. C'est terrifiant et inacceptable. Je sais que je n'y arriverai pas seule, et je vais donc enterrer mon ego et continuer à demander de l'aide, même lorsqu'on me repousse. La poursuite de cette mission pourrait aider des millions de familles.

Ma voix. Je veux également être plus audacieuse en livrant mon message. Je suis journaliste, mais je suis également une citoyenne de ce grand pays. Je veux entendre davantage de messages positifs et inspirants qui nous aideront à aller de l'avant. Pas seulement certains d'entre nous. Pas seulement les femmes. Pas seulement les gens d'une seule couleur. Mais nous tous.

Chaque nouvelle année est une nouvelle occasion pour nous tous d'utiliser notre voix pour faire le bien – pour remettre en question ce qui est, pour imaginer ce qui pourrait être, pour nous faire progresser et faire progresser l'humanité.

Mon doux Seigneur, vivre avec des regrets et de la culpabilité pour les erreurs que j'ai faites dans le passé est un lourd fardeau à porter. Libère-moi des chaînes du remords pour des choses que j'ai faites et que je souhaiterais pouvoir recommencer. Je te prie de m'aider à savoir, tout au fond de mon cœur, que je peux prendre un nouveau départ, quand je le souhaite. Libère-moi afin que je puisse regarder devant moi et cesser de ressasser le passé. Amen.

Ne me dites pas que ma maison est vide

« L'art de vivre consiste en un subtil mélange entre lâcher prise et tenir bon. »

— *Havelock Ellis*

Lorsque mon benjamin, Christopher, a obtenu son diplôme d'études secondaires, j'ai réfléchi au lâcher-prise. Je me suis dit que j'étais prête, parce que j'étais prête. Oh, comme j'avais tort !

Je n'étais pas prête à vraiment lâcher prise. Je n'étais pas prête pour ce déferlement d'émotions. Je n'étais pas préparée à cette perte. Et je n'étais vraiment pas préparée à toutes ces questions qui m'ont été posées par mon entourage.

« Donc, que vas-tu faire maintenant ? » *(Heu…)*

« Que vas-tu faire de tout ce temps libre ? » *(Du temps libre ? Qu'est-ce que c'est ?)*

« Que vas-tu faire chaque soir alors que tu avais l'habitude de prendre ton repas avec lui ? » *(Je ne sais pas. Apprendre à danser ?)*

« Que vas-tu faire de sa chambre ? *(Pourquoi ? Il ne revient pas à Noël ?)*

« Que vas-tu faire de son chien ? *(L'inviter à dormir avec moi.)*

« Que vas-tu faire avec toi-même ? » *(Dois-je faire quelque chose avec moi-même ?)*

Sur Facebook, des amis m'ont donné de solides conseils :

« Maintenant, c'est à ton tour. Prends du temps pour toi » m'a dit Sandy.

« Reste occupée. Aide les autres » m'a dit Kate.

« Porte des verres fumés lorsque tu lui feras tes adieux » m'a dit Connie.

« Donne-toi une période d'ajustement de deux semaines » m'a dit Val.

« Donne-toi six mois. Tu adoreras ça » m'a dit Lynne.

Donc, lorsque le moment est venu, j'ai respiré profondément, j'ai aidé mon bébé (oh, pardon, « mon jeune homme » à s'installer dans la résidence universitaire, et je me suis retirée.

Cela m'a aidée de constater à quel point Christopher était heureux. Cela m'a aidée qu'il me dise : « Maman, tu as fait du bon travail. Ne t'inquiète pas. Je vais bien. »

Cela m'a aidée de savoir que j'avais fait de mon mieux et qu'il avait mis en valeur une version de moi-même plus douce, plus gentille, ce que j'apprécie. Cela m'a également aidée que, après son emménagement, il y ait eu une partie de football pour laquelle je n'avais pas de billet. J'ai donc été plus ou moins obligée de partir et de revenir à ma propre vie.

Et maintenant ?

Eh bien, je vais prendre les deux semaines qui m'ont été suggérées (et peut-être que je vais m'allouer les six mois). Je vais planifier des dîners avec des amis avec qui je ne suis pas sortie depuis, disons-le, 27 ans ! Je vais continuer à recevoir ma famille le dimanche, mais je vais élargir le sens du mot famille.

Je vais également me débarrasser de toutes les vieilles « tenues de maman » qui, étrangement, sont encore accrochées dans ma penderie. Je vais chercher l'aventure dans tous les aspects de ma vie. Je vais me concentrer sur ma mission et contribuer à la recherche d'un remède contre la maladie d'Alzheimer, et je vais rendre mon cœur et mon âme plus forts.

Vous voyez ? J'ai des choses à faire ! Et ce n'était que le premier jour.

Donc, en ce jour béni de la canonisation de sainte Thérèse de Calcutta, je vais canaliser mon amour maternel sur mes autres enfants qui vivent dans la même ville que moi, et je vais m'en donner à moi-même et à tous ceux qui en cherchent. La vie de Mère Teresa m'a appris à avoir la foi, à y demeurer et à la nourrir, à aider mon prochain et à ne jamais, jamais douter du pouvoir – du miracle, en fait – de l'amour maternel.

Comprendre ce qu'est l'amour maternel me fait réaliser que l'étiquette du nid déserté n'est pas appropriée – ou encore mieux, qu'elle est obsolète. Parce qu'une fois que l'on est mère, on le reste à jamais. Un foyer rempli d'amour demeure un foyer rempli d'amour (que les enfants soient ou non dans le nid).

J'avais le cœur gros lorsque je suis rentrée à la maison après avoir installé mon fils à la résidence universitaire et – je ne vais pas mentir – je ressentais de la peur et de l'anxiété en songeant à la façon dont j'allais pouvoir surmonter cette épreuve. Et puis, je me suis assise, j'ai fait appel à cette force intérieure dont ma mère parlait toujours et je me suis dit ceci : *mon nid, ma maison, moi-même, ma vie, ne sont pas vides ! Quelqu'un veut venir dîner ?*

•••

MISE À JOUR : Eh bien, le nid n'a pas été vide très longtemps. Tout d'abord, mon fils aîné a obtenu son diplôme universitaire et est revenu vivre avec moi. Ensuite, l'une de mes nièces vivant sur la côte est a emménagé pour terminer ses études sur la côte ouest.

Lorsque Christopher est revenu pour sa deuxième année d'études, je l'ai aidé à s'installer dans la maison d'une confrérie d'étudiants, qu'il partageait avec 24 autres jeunes hommes. Oui, 24. Parfois, je crois qu'il me connaît mieux que je ne me connais moi-même, car lorsqu'il me dit au revoir en me serrant dans ses bras, il murmure : « Maman, je vais bien. Tout va bien ! »

Je sais qu'il va plus que bien. Il adore son université. Il ne regrette en rien sa décision. Il adore sa bande de confrères. Et il adore sa vie. Il n'y a rien de mieux que de voir quelqu'un qu'on aime être aussi heureux.

Et maintenant, alors que j'écris ces lignes, mon fils aîné et ma nièce s'apprêtent à quitter la maison. Nid déserté, me voilà !

> *Mon doux Seigneur,* merci pour les bons amis que tu as placés dans la vie de mes enfants. Je te demande de bénir leurs relations et je prie pour qu'un amour sincère et véritable protège leur cœur. Aide-moi à aimer leurs amis et à les faire entrer dans le cercle de notre famille. Puisse ma vie être une bénédiction pour eux, comme ils sont une bénédiction pour moi. Amen.

Soixante leçons de vie pour mon anniversaire

« Au fur et à mesure que nous laissons briller notre propre lumière, nous donnons inconsciemment aux autres la permission de faire de même. En nous libérant de notre propre peur, notre présence libère automatiquement les autres. »

— *Marianne Williamson*

J'ai réfléchi aux anniversaires – surtout au mien ! Dans notre famille, les anniversaires sont tout un événement. Il y a toujours des ballons, des cartes de vœux, des cadeaux, un gâteau fait maison (ce sont mes enfants qui savent le préparer). C'est toujours une célébration amusante du don de l'amour, du rire et de la vie.

J'adore trouver des excuses pour faire la fête, mais j'ai toujours un peu de difficulté à célébrer mon propre anniversaire. Cela me fait sortir de ma zone de confort. Mais maintenant, avec les encouragements de mes amis et des membres de ma famille, je change tout ça. Je me donne la permission d'être fêtée – même si cela me fait encore tout drôle d'écrire ça ! Je le répète : *je me donne la permission d'être fêtée.*

Alors que je vais passer le cap d'une nouvelle décennie, je pense à tout ce que j'ai reçu au cours de ma vie et à toutes les leçons que j'ai apprises. Je suis heureuse de dire que je suis impatiente de franchir une nouvelle frontière, même si je dois admettre que je n'ai pas vraiment de plan directeur pour gérer ce que cela peut entraîner.

Mais ce n'est pas grave, parce que les plans ne sont que ça, des plans, et que la vie a une façon bien à elle de les bousculer. La mort peut emporter sans prévenir des amis et des membres de la famille. Des gens sur qui l'on comptait peuvent nous laisser tomber. On peut finir par se décevoir soi-même et décevoir les autres. Mais aussi, de parfaits inconnus peuvent apparaître dans notre vie et nous guider là où nous n'aurions jamais cru aller un jour. La vie est vraiment un voyage magique et mystérieux !

Donc, en l'honneur de mon 60e anniversaire de naissance, je vous fais part ici de 60 leçons de vie que j'ai apprises en cours de route. J'en ai partagé quelques-unes avec mes enfants. Ils ont éclaté en sanglots en me demandant si j'allais mourir. (Mon Dieu !)

Maintenant, je partage ces leçons avec vous en espérant qu'elles pourront vous aider dans votre propre voyage, vous aider à vivre de façon plus authentique, sans porter de jugements sur vous-même ou sur les autres. Mon but est que, lorsque viendra pour vous le moment de partir, vous ayez moins de regrets à propos de ce que vous n'avez pas fait et davantage de fierté à propos de ce que vous avez fait. Voici ces leçons :

1. Dans la vie, rien n'est prévisible. Cessez donc de tenter de deviner ce qui arrivera.
2. Trouvez toutes les excuses que vous pourrez pour célébrer la vie.
3. Cessez de souhaiter être plus jeune. Aimez l'âge que vous avez.
4. Cessez de vous inquiéter de ce que les autres pensent. C'est une grosse perte de temps.
5. Cessez de vous demander si Dieu est à l'écoute. Croyez tout simplement qu'Il l'est.
6. Soyez reconnaissant envers tous ceux qui vous ont aimé ou qui ont tenté de vous aimer.
7. Sachez que le malheur existe. Vous croyez que vous ne pourrez pas le supporter, mais vous le pouvez et vous le ferez. Comme vous l'avez toujours fait.
8. Soyez indulgent avec votre corps, car il sera avec vous jusqu'à la fin.
9. Croyez-moi lorsque je vous dis ceci : les régimes sont une perte de temps. Je les ai tous essayés.
10. Ne croyez pas les gens qui vous disent qu'ils peuvent manger n'importe quoi et rester minces. Ils mentent !

11. Pratiquez la modération en tout, sauf le rire.
12. N'ayez pas peur d'être parent. Faites confiance à votre cœur.
13. Tissez des liens d'amitié avec les amis de vos enfants. Ils vous feront rire et vous donneront de précieuses informations.
14. Gardez quelques vêtements que vous portiez à l'école secondaire, non pas pour vérifier s'ils vous vont encore, mais pour les souvenirs qu'ils font surgir.
15. Serrez vos enfants dans vos bras, encore et encore, et puis laissez quelqu'un vous serrer dans les siens.
16. Gérez judicieusement votre argent le plus tôt possible.
17. Économisez une partie de chacun de vos chèques de paye.
18. Achetez des draps confortables, car vous passerez beaucoup de temps entre eux.
19. Sachez que quelle que soit votre intelligence, vous ne pourrez jamais changer qui que ce soit.
20. Ne vous mêlez pas des affaires d'autrui. Vous occuper des vôtres est un travail à temps plein.
21. Soyez aimable, car tout le monde livre un combat.
22. Ne lancez pas de rumeurs. Elles vous retombent toujours sur le nez et on le paie cher.

23. Ne confondez pas cadeaux et amour.

24. Gardez le contact avec vos amis d'enfance et présentez-les à vos amis adultes. Entourez-vous d'une tribu généreuse dont les membres entretiendront non seulement des liens avec vous, mais aussi les uns avec les autres.

25. Passez du temps seul lorsque vous êtes jeune de manière à ce que la solitude ne vous fasse pas peur lorsque vous serez plus âgé.

26. Adressez des notes de remerciement manuscrites aux gens qui ont partagé avec vous leur temps et leur sagesse. Voyez-y un présent de leur part.

27. Regardez les gens dans les yeux lorsque vous leur parlez. Et au moins une fois dans votre vie, regardez quelqu'un dans les yeux pendant cinq minutes d'affilée. Vous apprendrez quelque chose.

28. Mangez en famille tous les soirs. Si ce n'est pas possible, réservez une soirée qui deviendra un rendez-vous familial incontournable.

29. Jouez à des jeux de société avec vos enfants. (Mes préférés sont Capture le drapeau et Uno.)

30. Donnez à vos enfants un congé d'école afin qu'ils passent une journée spéciale avec vous.

31. Ayez toujours de la place à table et gardez l'esprit ouvert.

32. Rendez service.

33. Voyagez avec vos enfants. Cela élargira leurs horizons et consolidera vos liens.

34. Ne supposez jamais que quelqu'un est meilleur que vous ou que vous êtes meilleur que quelqu'un.

35. Exercez toujours votre droit de vote. Vivre dans un pays où chaque vote compte est un privilège. Profitez-en.

36. Gardez le contact avec vos frères et sœurs, et ne vous immiscez pas entre eux et leur partenaire de vie. Mes quatre frères font partie de mon passé, de mon présent et de mon avenir – et j'adore leurs épouses respectives.

37. C'est un privilège que de prendre soin de ses parents lorsqu'ils sont âgés et malades.

38. Apprenez à faire taire les voix critiques dans votre tête aussi tôt et aussi souvent que possible.

39. Chaque année, mettez par écrit vos regrets, et puis brûlez le papier et placez les cendres là où est leur place : dans la poubelle.

40. Écoutez votre intuition. Elle sait mieux que personne que vous cherchez à obtenir des conseils.

41. Adonnez-vous à la prière et à la méditation. Elles vous permettront de rester en contact avec vous-même.

42. Ne pensez jamais que votre vie professionnelle est plus importante que votre famille.

43. Ne croyez pas qu'il ne vous arrivera jamais malheur. Apprenez à foncer. Tête haute, épaules rejetées en arrière, continuez à avancer.

44. Ne laissez personne vous faire honte. Si vous ne leur en donnez pas l'occasion, ils en seront incapables.

45. Apprenez à pardonner. C'est une pratique que vous devrez perfectionner pendant toute votre vie.

46. Sachez que pardonner ne signifie pas revenir en arrière. Cela signifie aller de l'avant avec amour. Il vous appartient de dessiner cet avenir.

47. Si vous voulez être pardonné, faites-en la demande.

48. Apprenez à lâcher prise.

49. Ne vous attendez pas à ce que les autres soient parfaits. Vous ne l'êtes pas, et eux non plus.

50. Apprenez à communiquer sous votre propre toit. Si vous n'arrivez pas à trouver votre voix, faites-vous aider.

51. Et n'allez pas croire que chercher de l'aide (voir le nº 50) est un signe de faiblesse. C'est un signe de force.

52. La thérapie n'est pas une perte de temps. Elle peut sauver une amitié, un mariage, votre vie.

53. Si votre mariage éclate, ne laissez personne vous dire que vous avez échoué – et ne vous le dites

pas non plus à vous-même. Soyez reconnaissant pour l'amour que vous avez reçu, les souvenirs que vous avez construits, les leçons que vous avez apprises.

54. Si vous vous apitoyez sur votre sort, faites en sorte que ce soit bref et puis passez à autre chose.

55. Ne vous considérez pas comme une victime. Considérez-vous comme brave.

56. Ayez le courage d'écrire votre propre histoire – et puis de la réécrire.

57. Ayez le courage d'essayer d'aimer encore après avoir eu le cœur brisé.

58. Passez du temps dans la nature. Elle apaise l'esprit.

59. Passez du temps en compagnie de gens qui vous estiment et qui ne veulent que votre bien.

60. Ayez confiance : le meilleur reste à venir, la prochaine frontière que vous franchirez sera la plus gratifiante de votre vie, vous méritez d'être apprécié tel que vous êtes – par les autres et par vous-même.

Ouah !

Mon doux Seigneur, merci pour cette vie, pour ma vie. Merci de me laisser croire que le meilleur reste à venir. Amen.

Espoir

« On dit qu'une personne a besoin de seulement trois choses pour être vraiment heureuse dans ce monde : quelqu'un à aimer, quelque chose à faire et quelque chose à espérer. »

— *Tom Bodett*

L'espoir est ce qui nous permet de continuer à avancer.

Nous connaissons tous de ces journées où nous sentons que nous ne pouvons ni avancer ni reculer. C'est l'impasse.

Lorsque je me trouve dans cette situation, je plonge la main dans ma poche arrière et en retire un peu d'espoir.

C'est exact, j'ai toujours eu de l'espoir en réserve. L'espoir que tout ira mieux, l'espoir que quelque chose de merveilleux m'attend, de l'espoir pour mes enfants, de l'espoir pour mes amis, de l'espoir pour le monde et, oui, de l'espoir pour moi. Il suffit que je me souvienne de puiser dans mon réservoir.

Donc, parfois, lorsque j'ai de la difficulté à retrouver mon souffle, je ferme les yeux et je m'imagine dans ce que j'appelle la grande arène. Pour moi, c'est un lieu de joie, de rire et de partage. C'est un lieu où des gens déterminés se réunissent pour rêver, collaborer, et améliorer leur vie et leur monde. C'est un lieu d'espoir.

Actuellement, cette grande arène n'est qu'une idée, mais j'ose espérer qu'elle n'existera pas toujours uniquement dans mon imagination. J'ose espérer que nous pourrons trouver ce terrain d'entente – un lieu concret où nous pourrons nous rassembler, où des individus de différentes générations et de croyances diverses pourront cohabiter, se soucier les uns des autres et prendre soin de notre maison commune.

Je continue à nourrir cet espoir, et c'est lui qui me permet de continuer à avancer. Aller de l'avant avec espoir donne un sens à ma vie.

Lorsque tout semble aller mal, lorsque vous n'arrivez plus à penser ni à faire quoi que ce soit, lorsque les solutions semblent vous échapper – plongez la main dans votre poche arrière. Sortez-en de l'espoir. Et avec de l'espoir plein le cœur, allez de l'avant dans votre propre grande arène.

Mon doux Seigneur, je te prie de m'aider à ne pas me laisser aller au découragement. L'espoir me permet d'aller de l'avant. Je te prie de m'aider à entretenir cet espoir en moi, en mes voisins, en l'humanité. Je te prie de m'aider à garder cet espoir bien vivant. Avec de l'espoir plein le cœur, je crois que mes meilleures années sont devant moi. Et je prie pour qu'il en soit ainsi. Amen.

Épilogue

Qui suis-je ?
Pourquoi suis-je ici ?
Quelle est ma raison d'être ?

Trois questions.
Trois questions exploratoires.
Pouvez-vous y répondre ?

Si oui, vous avez de la chance.
Et vous connaissez probablement déjà une vie merveilleuse et remplie de sens.
Si vous n'en êtes pas encore là, ne désespérez pas.
Tentez encore et encore de répondre à ces trois questions.

Qui suis-je ?
Pourquoi suis-je ici ?
Quelle est ma raison d'être ?

Parce que vous êtes unique,
votre mission est significative,
tout comme votre raison d'être.

Ne me dites pas que vous n'avez pas de raison d'être.
Ne croyez pas que vous n'avez rien de spécial.
Ne croyez pas que cette mission et cette raison d'être n'appartiennent qu'aux autres.
Nous en avons tous une.

Vous êtes destiné à connaître une vie merveilleuse et remplie de sens.
Je n'ai aucun doute à ce sujet.
C'est pour cette raison que vous êtes ici.

Vous n'êtes pas ici pour être l'ombre de quelqu'un d'autre.
Vous n'êtes pas le prolongement de quelqu'un d'autre.
Vous n'êtes pas la victime de quelqu'un d'autre.
Vous êtes ici pour répondre à un appel et remplir votre mission.

Donc,
gardez les yeux ouverts.
Gardez l'esprit ouvert.
Gardez le cœur ouvert.
Il y a un sens dans tout ce qui vous entoure.
Tout comme l'amour.
Il n'appartient qu'à nous de le trouver.

Continuez à chercher.
Continuez à penser.
Continuez à écrire.
Continuez à rêver.

Continuez à vous relever lorsque la vie vous fait trébucher.
Continuez à essayer.
Continuez à lutter.
Continuez à rire.
Continuez à aimer.

Imaginez-vous à la fin de votre vie,
debout dans une grande arène.

Comment vous sentez-vous ?
Qui est là avec vous ?

Avez-vous trouvé les réponses aux trois questions ?
Bien sûr que oui.

Gardez toujours ces réponses à l'esprit.
Continuez à avancer vers cette vision.
Il n'appartient qu'à vous d'en faire une réalité.

Vous avez tout compris.
Oui tout compris.
Je suis si heureuse pour vous.

•••

Oh ! Une dernière chose : le pouvoir de la réévaluation

« Il vient un temps dans la vie de chacun où il convient de peser ce qui a été, à ce qui est et à ce qui pourrait être. Ne vous accrochez pas à des choses qui vous empêchent de devenir ce que vous pouvez être. »

— *Maria*

Je crois qu'il est temps pour moi de faire le point et de réévaluer ma vie.

Je m'adonne généralement à une sorte d'introspection vers le Nouvel An, mais je ne peux pas attendre. C'est impossible.

Pourquoi ? Parce que c'est un appel du cœur. Parce que mon corps m'y exhorte. Parce que mon esprit me dit de cesser de m'accrocher à des croyances vieilles de plusieurs décennies et qui ne me servent plus – des croyances qui cognent si fort dans ma tête qu'elles me donnent la migraine avec, en prime, un mets d'accompagnement appelé « vertige et trouble du système vestibulaire ». Ne me demandez pas de détails !

Plusieurs facteurs sont à l'origine de cet appel. Il y a d'abord eu une série de murmures – et puis quelques coups de madriers sur la tête. Si j'ai appris quelque chose dans la vie, c'est bien de prêter attention aux murmures et aux coups de madriers, car ils précèdent généralement le knock-out.

Oui, ce sont de vieilles croyances qui ne me servent plus à rien, mais auxquelles je m'accroche encore, qui m'ont amenée à me sentir déconnectée et déphasée.

À cause d'elles, je me sens mal : accablée, arrogante, critique. Et devinez quoi ? Je ne veux plus me sentir ainsi – parce que, comme l'aurait dit ma mère : « Cela te rend moins séduisante. » Et comme je l'ai constaté récemment, ce n'est pas ça le pire.

Donc, allons-y. Voici quelques-unes des choses que j'aurais aimé connaître plus tôt, quoique la seule façon dont j'ai pu acquérir ces connaissances ait été de vivre exactement comme j'ai vécu.

Le travail

J'avais l'habitude de porter des jugements sur les gens qui ne travaillaient pas comme des déments. J'avais tort. Travailler comme un dément ne peut que rendre fou. Cela devient une dépendance. Cela rend malade. Laissez au travail la place qui lui revient. N'en faites pas votre vie.

La politique

J'avais l'habitude de penser que le parti démocrate détenait toutes les réponses. J'avais tort. Les deux partis contribuent à la diversité dans ce pays. Les deux partis ont porté le discours civique à ce degré de méchanceté et de mesquinerie. J'ai quitté le parti démocrate il y a quelques années et je me suis inscrite comme indépendante. C'est là que réside mon espoir.

Le catholicisme

J'avais l'habitude de croire que l'Église catholique détenait toutes les réponses, et puis je me suis réveillée. Je me souviens très clairement de la peur panique que j'ai ressentie la première fois que j'ai raté la messe du dimanche. J'ai pensé que j'irais tout droit en enfer à cause de cette infraction – mais voilà, ce n'est pas arrivé. Ensuite, quand rien ne s'est produit lorsque, pour la première fois, j'ai mangé de la viande et non du poisson un vendredi, j'ai commencé à comprendre que l'Église ne savait pas tout. Oui, j'adore le pape François et j'adore les religieuses. J'adore le Sermon sur la Montagne et la plateforme de justice sociale que propose l'Église. Mais je n'appuie pas ses positions sur les femmes, les homosexuels, le péché, le divorce, la planification des naissances, la mort dans la dignité – ni la façon dont elle a géré les nombreux cas d'agressions sexuelles perpétrées par des prêtres. Malgré tout ça, je trouve encore du réconfort à fréquenter mon église et à entretenir des conversations avec ce qui, je le sais, est un Dieu d'amour et de pardon. Et je me considère encore comme une bonne catholique.

Les hommes

J'ai grandi dans une famille où il y avait beaucoup de testostérone. Je croyais que c'était ce qui caractérisait l'homme. J'avais tort.

La gentillesse

Je croyais que gentillesse était synonyme de faiblesse. Dieu que j'avais tort. Aujourd'hui, c'est la qualité que je recherche avant tout chez un ami.

Le sexe

On ne me parlait pas de sexe lorsque j'étais petite, seulement de Marie Madeleine – et toute femme catholique de mon âge sait ce que l'Église pensait alors de Marie Madeleine. Le sexe était associé à la culpabilité et à la honte.

Mais en tant que mère, je parle ouvertement de sexe avec mes enfants. Je veux que mes filles vivent bien leur sexualité, qu'elles ne se sentent pas coupables ou honteuses. Je veux que mes fils y voient un acte sacré avec un être aimé, et non un acte de contrôle afin de «posséder» quelqu'un. Je veux que mes enfants aient une relation positive avec leur sexualité – et qu'ils ne jugent jamais quelqu'un dont la sexualité diffère de la leur.

Le journalisme

J'avais l'habitude de penser que tous les journalistes étaient motivés par la vérité, qu'ils croyaient en des faits et qu'ils voulaient faire le bien grâce à leur travail. J'avais tort.

Il se fait bien sûr beaucoup d'excellent journalisme et il y a beaucoup de bonnes personnes qui exercent ce métier, mais comme avec toute chose, la perfection n'existe pas.

Répartir l'œuvre journalistique dans des catégories, «vrai» *versus* «faux» ne rend service à personne.

Nous avons la chance de vivre dans un pays où nous jouissons de la liberté de presse, et nous ne devrions jamais sous-estimer ce droit. Mais assurez-vous de faire la distinction entre ce qui repose sur des faits et sur ce qui est farfelu.

La dépendance

Pendant mon enfance, plusieurs membres de ma famille ont eu des problèmes de drogue. Je me demandais: *Mais pourquoi n'arrêtent-ils pas?* Je ne connaissais rien à la dépendance et j'ignorais à quel point il est difficile de redevenir sobre et de le demeurer. Je n'avais aucune idée du gouffre que l'on sent en soi avant d'y avoir été moi-même confrontée. Chaque personne a une manière différente de combler ce vide et d'affronter sa douleur et ses peurs.

J'ai appris que la dépendance n'a rien à voir avec la volonté. Souvent, il ne suffit pas de tout simplement vouloir s'en sortir. C'est une maladie. Ceux qui luttent contre elle ont besoin de notre soutien, de notre aide, de notre compassion et de notre respect à l'égard de leur courage. Je le constate chaque jour.

La thérapie

Dieu que je me trompais là aussi ! Je croyais que la thérapie n'était bonne que pour les individus souffrant de troubles mentaux, pour les gens qui avaient perdu un parent ou un enfant, ou pour les suicidaires. J'avais tort.

J'ai suivi une thérapie. Cela m'a énormément aidée à traverser les moments difficiles, à être plus consciente, à pardonner, et à devenir une meilleure personne. Je la recommande plus tôt que tard.

La santé

Je pensais pouvoir manger tout ce que je voulais aussi longtemps que je le voudrais. Ouah ! J'avais tort.

Les mauvais choix vous rattrapent, et avant même que vous vous en rendiez compte, vous vous retrouvez acculé au pied du mur, incapable de vous échapper. Ou vous pouvez être la personne dont les mauvais choix favorisent l'apparition du cancer ou de la maladie d'Alzheimer. Je vous en prie, faites de votre santé une priorité plus tôt que je ne l'ai fait.

Et pendant que vous y êtes, faites sérieusement le point sur la relation que vous entretenez avec la nourriture.

Surprise! Les biscuits ne sont pas un substitut à l'amour véritable. Ils ne vous aiment pas en retour. Ni les gâteaux, ni les bonbons – ni les Swedish Fish[1], sur lesquels j'ai fait des « recherches » exhaustives.

Prenez du repos, tant physique que mental. Pendant mon enfance, le repos était une aberration. Mes parents ne se reposaient jamais, et donc ni mes frères ni moi. Aujourd'hui, je suis plus avisée. Le repos n'est pas synonyme de paresse. Il est essentiel au bien-être mental et physique. C'est lui qui recharge nos batteries afin que nous puissions ensuite avancer à plein régime.

La maternité

Je n'arrive même pas à décrire à quel point j'étais mal informée à propos de la maternité. Je ne connaissais rien au pouvoir et à l'importance de l'attachement. Je n'en avais aucune idée. Et je ne savais pas non plus à quel point il est difficile d'être parent, ni à quel point c'est valorisant. J'aimerais tellement remercier ma mère

1. Bonbons mous en forme de poisson. *(Note de la traductrice)*

en personne aujourd'hui pour l'endurance dont elle a fait preuve en élevant cinq enfants.

La peur

J'avais l'habitude de croire que je n'avais peur de rien parce que je dévalais des pistes « diamant noir » que je sautais du haut de falaises et que je ne mâchais pas mes mots. Le mot *peur* était vilain. Admettre avoir peur était pire qu'avoir peur.

Et puis, je me suis retrouvée face à face avec toute la peur que j'avais en moi, dans mon corps et dans mon esprit. J'ai réalisé qu'elle m'avait paralysée dans certains aspects de ma vie et qu'elle continuait à le faire.

Aujourd'hui, je fais de grands efforts pour reconnaître ma peur, pour la sentir, pour me forcer à affronter des situations qui m'effraient sur le plan émotionnel – comme accepter d'être suffisamment vulnérable pour partager cette liste avec vous et admettre que j'avais tort à bien des sujets, admettre que j'ai souvent peur et que je me sens souvent seule.

Parlant de solitude : très peu de choses m'effraient plus que la solitude. Afin de ne pas être seule, je me suis toujours organisée pour que ma vie et ma maison soient toujours pleines de gens, de beaucoup de gens. Et ce en partie parce que j'avais non seulement peur d'être seule, mais également d'avoir l'*air* d'être seule. Être seule ne serait-ce qu'une minute me donnait l'impression d'avoir toujours été seule et que j'étais condamnée à l'être pour l'éternité.

Eh bien, eh bien, eh bien, regardez-moi maintenant! Dernièrement – n'ayant plus de mari et avec quatre enfants adultes qui volent de leurs propres ailes –, je passe pas mal de temps seule.

Je ne peux pas encore dire que j'aime ça, mais j'ai appris la plupart des vérités que je partage aujourd'hui avec vous parce que j'ai passé du temps avec moi-même – du temps en silence, du temps à me réévaluer et à réévaluer mes croyances. Je commence à me sentir plus à l'aise lorsque je suis seule.

Le mariage

J'ai toujours pensé que les gens dont le mariage s'effondrait avaient baissé les bras. J'avais tort.

J'admire les gens qui veillent à sauver leur mariage, mais j'admire également les gens qui empruntent une voie différente. Et j'admire vraiment les gens qui réussissent à demeurer amis après une séparation – et qui n'ont pas peur d'essayer d'aimer à nouveau après avoir été blessés.

Le divorce

J'ai grandi avec l'idée que le divorce était un péché.

Je n'aurais pas pu me tromper davantage.

Le succès

Ici, les idées fausses sont légion. Je croyais que j'aurais le sentiment d'avoir réussi si je devenais présentatrice d'un bulletin d'informations sur une grande chaîne de télé. Je croyais que ce serait une grande victoire que de remporter un prestigieux prix de journalisme. Je croyais que j'aurais taillé ma place si je publiais un best-seller. Et ainsi de suite. Fais ceci, accomplis cela, et tu brilleras, tu te sentiras auréolée de succès.

J'avais tort. Le succès, je l'ai appris, est un processus intérieur. Croyez-moi, je n'ai pas grandi avec ce message.

Aujourd'hui, les gens qui, à mon avis, ont le mieux réussi ne sont pas ceux que je croyais. Ce sont plutôt ceux qui aiment et qui sont aimés. Ce sont ceux qui ont une magnifique famille, pleine d'amour. Ce sont ceux qui cheminent calmement et patiemment sur la ligne de front de la vie.

(J'ai écrit ceci avant d'apprendre qu'une note manuscrite d'Einstein, portant les mots suivants: « *Une vie tranquille et modeste apporte plus de joie que la recherche du succès qui implique une agitation permanente* » avait été vendue aux enchères pour la somme de 1,3 million de dollars.)

Le perfectionnisme

Je croyais que la perfection était un objectif atteignable – par moi, rien de moins.

C'est impossible parce que, au début, on se sent brillant et à la hauteur en croyant qu'il est possible d'atteindre la perfection. Mais à la fin, on est condamné à éprouver un sentiment de honte parce que la perfection n'est que ça: une illusion, un objectif inatteignable.

Confrontée à ma propre imperfection, reconnaissant mes défauts et m'acceptant telle que je suis – ici et maintenant – m'a appris à m'aimer davantage et à être plus indulgente avec moi-même.

Les frontières

Je n'avais jamais entendu le mot « frontières » appliqué aux relations humaines avant d'être dans la cinquantaine. Quelqu'un a émis l'hypothèse selon laquelle j'avais peut-être de la difficulté à établir et à respecter mes propres frontières, et j'ai dû lui demander des explications. Maintenant, je sais – et maintenant, j'en ai.

L'intimité

Vous avez droit à l'intimité, et vous devriez la revendiquer – surtout de nos jours, car nous vivons dans un monde où circulent plutôt librement les informations personnelles.

Protégez votre intimité, protégez l'intimité de vos enfants. Fixez des frontières et des limites. Enseignez à vos enfants qu'il n'est pas nécessaire de tout partager. Et cela vaut également pour nous. Partagez quelques informations si cela peut aider les autres et gardez le reste pour vous. Ce ne sera que bénéfique pour vous, pour vos relations et pour vos enfants.

Et oh! Oui, les personnalités publiques ont droit à leur intimité.

La loyauté

J'ai grandi dans une famille où la loyauté faisait figure de loi. J'en entendais sans cesse parler: loyauté envers la famille, loyauté envers les amis, loyauté envers une foi, un parti politique ou une personne en particulier. Mais il ne m'était jamais venu à l'esprit que l'on pouvait être loyal envers soi-même. Je n'en avais jamais entendu parler.

Aujourd'hui, la loyauté envers moi-même est plus importante qu'envers n'importe qui ou n'importe quoi. J'ai appris qu'il n'est pas égoïste de se placer au centre de sa propre vie. J'ai appris qu'il faut honorer la personne qui nous regarde dans le miroir et qu'il faut être loyal envers elle. Sinon, le prix à payer est trop élevé.

L'amour

Je comprenais si mal l'amour que je ne sais pas par où commencer.

Disons seulement que j'avais tout faux. Aujourd'hui, je vois l'amour d'un œil totalement différent.

Je remarque autour de moi des petits gestes d'amour que je ne laissais même pas pénétrer dans ma conscience autrefois: lorsque quelqu'un m'apporte un café, m'ouvre la porte, fait une promenade avec moi, s'assoit avec moi, m'écoute, me conduit chez le médecin, m'attend. Lorsque quelqu'un me regarde d'une manière qui me fait comprendre qu'il me regarde vraiment, sans se soucier de mon nom, de ma famille, de mon emploi. C'est ça, l'amour. Purement et simplement.

Mise au point: procédez à une réévaluation!

Réévaluer sa vie – que ce soit au Nouvel An, lors d'un anniversaire de naissance ou au chevet d'un ami malade à l'hôpital – peut être un exercice douloureux qui fait surgir des regrets et des «j'aurais dû, j'aurais pu». Mais cela peut également être extrêmement libérateur.

Même si je me suis trompée sur beaucoup de choses au cours de ma vie, cet exercice de réévaluation m'a appris que j'ai eu très souvent raison. Par exemple, en ce qui a trait à l'importance de la famille. À propos de certains amis. À propos de ma foi en un Dieu plus grand que moi et que n'importe quel individu ou édifice.

J'ai également appris que j'avais raison de croire que j'avais en moi un potentiel qu'il valait la peine de mettre en valeur.

Et ça, nous le savons maintenant, c'est quelque chose que nous n'aurons plus jamais à réévaluer.

> *Mon doux Seigneur,* je te prie de me guider dans mon cheminement. Aide-moi à me débarrasser de croyances et d'opinions qui ne me servent plus. Aide-moi à ne plus me juger et à ne plus juger les autres. Rappelle-moi que je ne connais pas le parcours ou les souffrances des

autres. Aide-moi à continuer à m'épanouir et à devenir un être humain plus compatissant et plus aimant – à l'égard des autres et de moi-même. Amen.